智慧体育建设及其创新应用探索

孟明　杜丽　孙瑜　著

延边大学出版社

图书在版编目（CIP）数据

智慧体育建设及其创新应用探索 / 孟明，杜丽，孙瑜著. -- 延吉：延边大学出版社，2022.11
ISBN 978-7-230-04153-9

Ⅰ. ①智… Ⅱ. ①孟… ②杜… ③孙… Ⅲ. ①体育事业－发展－研究－中国 Ⅳ. ①G812

中国版本图书馆 CIP 数据核字(2022)第 206790 号

智慧体育建设及其创新应用探索

著　　者：孟　明　杜　丽　孙　瑜
责任编辑：延光海
封面设计：正合文化
出版发行：延边大学出版社
社　　址：吉林省延吉市公园路 977 号　　　邮　　编：133002
网　　址：http://www.ydcbs.com　　　E-mail：ydcbs@ydcbs.com
电　　话：0433-2732435　　　传　　真：0433-2732434
印　　刷：天津市天玺印务有限公司
开　　本：710×1000　1/16
印　　张：13
字　　数：200 千字
版　　次：2022 年 11 月第 1 版
印　　次：2024 年 6 月第 2 次印刷
书　　号：ISBN 978-7-230-04153-9

定价：65.00 元

前　　言

现代化的指引与"互联网＋"模式的动力叠加促进了数字时代体育新动能的发展，智慧化转型升级是体育发展的主要特征。智慧体育是以信息技术为引擎，对传统体育创新发展和高质量发展的升华，是融合教育学、管理学、产业学、旅游等"体育＋"资源的交叉性工程，它使人类社会、信息空间和物理世界融为一体。

智慧体育作为一种创新、高效、提质的体育发展方式，利用技术创新在体育领域的应用对社会产生提振效应，旨在落实科教兴国战略、人才强国战略、全民健身国家战略，增强体育综合运营能力、体育管理能力以及体育数据分析能力，为建成体育强国奠定基石。构建智慧体育的理论体系，归纳总结智慧体育的实践价值，能在一定程度上为智慧体育理论体系的发展提供参考，助力体育强国总战略目标的实现。

基于此，本书共设置六章：第一章阐述体育的产生与分类、智慧体育的相关概念与架构、智慧体育的发展背景；第二章通过介绍计算机网络基础与安全技术、大数据与物联网技术、人工智能技术、虚拟现实技术，分析了智慧体育建设的技术支持；第三章讨论了智慧体育运动场所的建设；第四章探讨了体育场馆智能化系统的配置与选型、体育场馆智能化系统的内容、物联网技术在智慧体育场馆中的应用、人工智能赋能智慧体育场馆的转型应用；第五章论述了智慧体育公共服务平台的构建、城市公共体育服务智慧化治理、老年社区智慧体育服务系统构建、高校智慧体育服务体系构建；第六章探讨了智慧体育的发展理念与趋势、智慧体育与体育旅游的融合创新。

全书秉承较为新颖的理念，结构逻辑清晰，注重理论与实践的紧密结合，以发展的眼光透视智慧体育理念及其应用的创新路径，对我国智慧体育发展具有一定的参考价值。

笔者在撰写本书的过程中，得到了许多专家学者的帮助和指导，在此表示诚挚的谢意。由于笔者水平有限，加之时间仓促，书中所涉及的内容难免有疏漏之处，希望各位读者多提宝贵意见，以便笔者进一步修改，使之更加完善。

笔者

2022 年 8 月

目　　录

第一章　体育与智慧体育概述

第一节　体育概述

一、体育的产生

体育是人类社会特有的一种文化现象，它的产生一直是人们十分关注的话题。现在人们对这一现象的看法尚不完全一致，但经过不断的探索和研究，人们对它的认识已日渐全面，因而对它的解释也更趋合理。

当人类社会需要某一事物时，这一事物才有可能应运而生。远古时代，人们为了相互交流思想和感情，发明了语言；为了帮助记忆，发明了文字；为了遮风避雨，建造了房舍；为了丈量土地，求取面积，于是发明了数学、几何学。在人类历史上，任何事物的产生与发展，都与社会生活本身不断产生的需要相适应，体育也是如此。

人类的发展已有几百万年的历史，在历史长河中，人类大部分时间是在原始状态中度过的。原始人类生活在险恶的自然环境中，人类的祖先只有结伙成群，利用集体的智慧和力量，才能在自然中争得一席之地，才能使自己得以生存和繁衍。人类之所以能在这样恶劣的环境中生存和发展，并最终成为世界的主宰，是因为人类能够制造、使用和不断改进工具。人们从利用天然的工具到制造简单的石器，从使用石器到发明弓箭，终于把物体的弹力和人体的力量结合在一起，使弓箭成为石器时代较为先进的工具，极大地提高了原始人类狩猎的能力，使渔猎生产逐步取代采集生产，成为主要的生产方式。弓箭等复合工具的出现，使生产工具的制造、使用和生产活动的组织变得复杂，那种最初的简单的模仿以及在生产过程中"自然学习"的传授方式使人们掌握了生产工具的制造、使用和渔猎生产等过程，至此人类最初的有目的、有组织的学习和训练活动便应运而生。这种有意识、有目的、有计划、有组织的活动过程，就是教育。

在原始社会末期，由年长者采用"游戏"的方式教授儿童打熊、猎豹和搬家等技能。在这种"游戏"的过程中，儿童既学习了围猎和使用工具，又懂得了相互配合、同心协力。在语言还不够发达的原始社会，教育的目的主要是通过"游戏"来实现的，亦即通过一些运动形式来传播生产、生活技能。这种以身体活动为主要手段的教育，是原始社会教育的一大特征。从某种意义上讲，原始社会的教育就是体育，或者说教育越古老，其体育的成分就越大。这是与社会生产力、社会文化程度相适应的，也是由社会特定发展阶段所决定的。

原始社会中生存所需要的攀爬、奔跑、跳跃、投掷、射击、游水、操舟等技能，都是人类在同大自然的斗争中发展出来的常用的身体活动方式，是生产劳动的基本技能，也是原始教育的基本内容。这些活动虽然不能用"现代体育"这一概念去规范，但其中无疑孕育着体育因素，从当今的体育运动中我们仍可以寻觅到这些活动的踪迹。

综上所述，人类社会发展的需要，是产生体育的前提条件；原始人类经济活动中的身体活动，则是体育产生的母体。

二、体育的分类

（一）休闲体育

休闲体育是人们在自由支配时间为提高身心健康水平、丰富和创造生活情趣、提高自身素质而进行的一些大众流行体育项目。休闲体育具有健身性、游戏性、娱乐性等特征，这对改善人们身心状态、提高人体功能具有重要作用。

这些属性和功能是人们日常生活所需要的。因此，休闲体育是人们休闲生活的重要组成部分。

1. 帆船

帆船是指利用风力前进的船。帆船运动是一项依靠自然风力作用于船帆上，由人操作船只行驶的一项集竞技、娱乐、休闲、观赏、探险等多种功能于一体的水上运动项目。

帆船比赛的最突出特点是比赛时间、比赛成绩的不确定性。风力适合就开始比赛，不适合就等待、延迟甚至取消，每场比赛需要 1～5 小时。不断变化的气象、水文等环境因素对每艘船的影响都不一样，再加上常态化的抗议、审理、裁决，都可能导致成绩的不确定，这也是帆船竞赛的独特魅力。

竞技体育对大众体育的促进有目共睹。近年来，中国民间帆船比赛的兴起已呈燎原之势，帆船俱乐部、帆船协会的活动更是在全国范围内此起彼伏，从东部到西部、从北方到南方，大连、青岛、厦门、深圳、三亚等都是帆船运动开展得较好的城市。随着中国经济的不断发展，热爱帆船运动并愿意出资购买帆船的人越来越多，帆船运动逐渐成为家庭休闲的重要项目之一。

从横向来看，帆船运动包括了奥林匹克文化、航海文化和商业文化。不畏艰难、勇于拼搏、敢于冒险、大胆创新的精神就是对奥林匹克宗旨最好的诠释；在漫长、曲折和充满风险的航海实践过程中，帆船运动不断创造了丰富的物质财富和精神财富；作为耗资大、赛程长、科技含量高、国际化交流广泛的时尚运动，以帆船竞赛为核心的产业链产生了巨大的经济价值。

从纵向来看，帆船运动文化包括三个层面：①物质层面。器材装备种类繁多，不同国家的建筑、场地、服饰、风帆图案显现出对帆船运动的不同理解，由此衍生出各种工艺品、时装、家庭装饰品。②制度层面。各种机构、赛事、规则、礼仪反映出人们对帆船运动发展方向的诉求。③精神层面。包括帆船运动秉持的理念、倡导的精神、推崇的价值观等。

2. 击剑

剑，作为冷兵器时代的"短兵器之王"，从古至今都是勇气、荣誉的象征。在古今中外的历史舞台上，在很多文学作品、影视作品中，都可以看到人们对英雄主义以及侠客、骑士等题材的推崇。时至今日，击剑运动成为全球较受欢迎的室内格斗项目和奥运锦标项目，其独有的优雅、安全、老少皆宜等特性备受人们的喜爱。人们在击剑中激发勇气，学会坚韧，懂得坦然与豁达，并且全力以赴追逐目标，享受运动的过程。

击剑比赛中使用的武器是由冷兵器时代常用的剑演变而来的，保持着武器的特点和外形，又具有作为体育运动器材必备的安全、轻便等特点。

击剑运动具有动作快速、行动敏捷、举止文雅、战术错综复杂、对抗激烈，注重随机应变、临场反应能力等特点。因此，击剑运动享有"勇者的游戏""速度与智慧的竞赛"的美称。

击剑运动有利于发展人的速度、力量、灵敏度、耐力、柔韧性和协调性等身体素质，能够培养练习者勇敢、顽强、灵敏、机智、独立、沉着等品质。同时，长期的击剑训练还能够使人获得敏锐的观察能力和肌肉感觉能力。击剑运动具有以下意义：

第一，增强人们的自信心。击剑是一项格斗竞技类运动，从练习到实战、比赛，人们会通过在击剑过程中获得的优越感和在练习过程中体会到的艰辛，逐步提高面对困难和挑战时的自信心，长时间的练习更能使人将这种自信心带入日常的工作和学习中。

第二，提高自身的修养。以比赛过程中的礼仪为例，击剑手每次将剑指向对手之前都必须持剑行礼；无论比赛最终结果如何，击剑手都要坦然接受并与对手敬礼、握手，最后向观众持剑行礼，离开比赛场地。此类种种不胜枚举，击剑运动会潜移默化地影响练习者，最终使他们变得沉着、谦逊、大方、自信，在各种场合都表现得礼貌得体，不卑不亢。

第三，锻炼身体素质。击剑运动攻防之间将运动员的力量、速度等素质展露无遗，练习击剑对这些素质都有非常好的锻炼效果。

第四，培养意志品质。击剑运动的特点决定了它在提高人的身体素质的同时，还能够培养练习者勇敢、顽强、机敏、沉着等特质，练习击剑能够使人获得敏锐的观察力和灵活的肌肉感觉，从而迅速分析对手的行动，及时、正确地判断并执行自己的战术意图，有利于加强人在计划、执行、工作等方面的能力，同时提高沟通与辨别的能力。

3.攀岩

攀岩是从登山运动中派生出来的一项竞技体育运动，是一种不断追求身体协调与平衡的运动。攀爬者在岩壁上闪转腾挪、横跨穿越，要求全身各器官、系统、肌肉、神经和心智协调配合，力求保持身体的平衡。攀爬者在崖壁上稳如壁虎、矫似雄鹰，极具美感和观赏性。

攀爬者勇于尝试未曾尝试过的攀登线路，并要求全身心协调配合来达到最终目标。在攀爬过程中，攀爬者要充分融入自然、回归自然，学会在大自然中把握自己的行为，自觉遵守大自然的规则。在攀岩运动中，只要拥有一双攀岩鞋、一副安全带，不同年龄、性别、文化背景的人均可享受攀岩所带来的快乐。

4.轮滑

轮滑运动是指使用各种带轮子的器材进行滑行运动的体育项目。可以在不同场所进行速度轮滑、花样轮滑、自由式轮滑、轮滑球、轮滑阻拦、滑板、极限轮滑、高山速降、障碍赛、轮滑马拉松、轮滑游戏以及各类与滑行有关项目的练习，也可能是以竞赛、训练、表演、培训、交流和娱乐等形式进行的活动。它们是社会体育和学校体育中的重要组成部分。轮滑曾经有很多叫法，如旱冰、溜冰、滑冰、滚轴溜冰，为了规范和促进其发展，现统一称为轮滑。

5.保龄球

现代保龄球运动起源于美国，是一项轻松愉快的室内运动项目，目前已成为一项风靡世界的融休闲、娱乐、健身为一体的体育活动。保龄球运动是一项在室内专门场地上进行的运动，不受时间、气候的影响，适合在任何地方开展。保龄球运动的规则简单，入门容易，运动强度低，不受年龄、性别以及身体条件的限制。

保龄球的基本技术包括选位、站位、持球助走、摆臂、出手，通常采取四步助走法或五步助走法进行投球。根据出手方式的不同和球在球道上运行状态的不同，可分为直线球、曲线球、飞碟球等不同的技术类型。在实际投球中，运动员还要根据目标球瓶的具体排列情况，结合球道的下游状态和自身的技术类型，选择确定正确的点位和线路，这样才能击倒更多的球瓶，取得好的成绩。

6.跆拳道

跆拳道既是一项能"健身、防身、修身"的传统武道文化，又是一项能"搏击、竞技、娱乐"的现代竞技体育运动，其动作简练直接、快速灵巧、易学实用。跆拳道运动不仅能强身健体、防身自卫，而且有助于青少年增高益智、减肥、缓解精神压力、促进身体发育、改善体质，因此深受青少年喜爱。

7.定向运动

定向运动就是利用地图和指北针，按照顺序到达地图上所指示的各个点标，以在最短时间内到达所有点为胜利的运动。定向运动通常可以在森林、郊外、城市公园和大学校园等地进行。

随着定向运动的发展，演变出多种运动形式，如徒步定向分为接力定向运动、积分定向运动、公园定向运动、专线定向运动、百米定向运动、夜间定向运动等。每一种定向运动又可根据参与者的性别、年龄特征，设计不同的难度路线与组别。除接力定向外，每一组别又可分为单人赛、双人赛和团体赛，还可设立男女混合赛等。目前，国际上还流行一些其他形式的定向运动，如高校定向、扶手定向、星形定向、特里姆定向等。

（二）学校体育

学校体育不仅是教育的重要组成部分，也是体育的重要组成部分。学校体育在教育中的核心任务是为社会培养全面发展的优秀人才。在体育中，学校体育作为竞技体育以及社会体育中最为基础的教育环节，不仅要做好为竞技体育输送优秀后备人才的工作，还承担着为社会培养拥有终身体育意识的优秀公民的责任。

对于学生而言，学校体育最本质的作用莫过于健身，因为通过学校体育教育，学生可以认识并发挥体育增进机体健康的功能。学生参与的所有体育活动都必须有身体的活动，当机体处于活动的境况下，身体的各个器官都会产生一些微妙的变化，以适应运动过程中机体所需要的身体条件，长此以往就可以提高学生的身体素质。尤其是青少年学生正处于生长发育的关键时期，其身体机能和形态可以通过适量的体育运动，往良性的方向发展。通过长期的体育锻炼，学生的身体机能以及心理都可以得到很好的发展，从而可以更好地参与社会各项活动，创造自己的美好人生。

三、现代社会与体育

（一）体育与经济

体育与经济的相互联系来自现代性对人类生活世界的影响。所谓现代性，就是资本主义和工业主义对人类生活世界的改造。也就是说，体育受资本主义和工业主义的影响，与经济相互联系。

虽然在资本主义和工业主义的影响下体育日渐成为经济行为，但是由于体育自身的特质，体育与经济之间依然有很多问题值得探讨。在资本主义和工业主义的影响下，体育作为一种商品为社会带来极大的经济利益这一现象，是无法离开经济学范围的。因此，在经济学视野下分析体育的商品特性是必不可少的，同时也需要剖析使用体育商品产生经济利益的那些群体的关系。

首先，从体育商品入手，以经济社会学中的利益分析框架为手段，分析商品的属性和体育的特性，从而发掘体育与经济关系的根源，即体育商品所带来的经济利益；其次，从经济学的角度阐述体育商品带来的经济利益的供求关系；最后，从供求关系中我们可以分析出，体育与经济之间发生作用的因素是消费者、企业与政府。消费者是需求的来源，企业生产体育商品；政府不仅为大众提供体育产品，也代表消费者向企业购买体育商品。所以，消费者、企业与政府的关系就是体育与经济的关系。三者之间形成了互动模式，这种模式表现了体育与经济之间的基本关系。

（二）体育与文化

文化是由人创造的，一切文化都是属于人的文化，简言之，文化即人化，文化的本质即人的本质。人创造了文化，文化也改造着人，人与文化之间的关系是双向的。研究人类社会就不能不研究人类创造的、同时又影响着人类自身的文化，体育是人类创造的，自然也属于文化的一部分。

体育文化与其他概念的关系如下：

①体育文化与个人全面发展。当今社会倡导全民参与，体育活动是属于所有人的平等公平的活动。当今社会体育文化的理念已经深入人心，人民群众意识到体育活动不仅仅是体力活动，更是一种文化活动。加强体育锻炼，是一个人全面发展的体现。

②体育文化与社会发展。体育文化是社会文化发展的表现，因此体育与社会发展之间的联系十分密切。社会的发展一方面是生产力发展的结果，另一方面是生产制度完善的结果。体育活动从产生起就伴随着众多规则，规则的存在可以约束人类的行为。在当今世界，体育运动的核心规则是平等公平原则，通过多项体育运动的开展，这样的理念已经深入人心。平等公平也是社会文明发展的重要原则，因此体育文化助推社会文化的发展。

③体育文化与世界交流。体育文化建设是国家体育事业发展的强大根基，在文化领域，体育越来越成为一个国家向世界展示自身的窗口之一，成为国家文化软实力的重要方面。

第二节　智慧体育概述

信息时代，智慧引领体育转型升级。智慧体育在智慧城市及全民健身等相关理念的助推下，迅速成为一股热潮。但智慧体育本身仍是一个相对"年轻"的概念，解答"什么是智慧体育""如何建设智慧体育"，变得尤为重要。

一、智慧体育的概念与特征

智慧体育是一个面向未来的体育理念，具有与传统体育不同的丰富内涵及鲜明特征。

（一）智慧体育的概念

智慧体育，从字面上理解便是赋予体育以"智慧"。智慧城市中的"智慧"，是在"智慧"一词传统概念的基础上进行的创新和延伸，传达出这样一种理念：利用先进科学技术，实现对各方面、各层次需求的迅速、灵活、正确的理解和响应，进而达成人与人、人与自然的和谐共处。智慧体育脱胎于智慧城市，是智慧城市的一种内部深化，也是智慧城市理念在体育领域的延展，其延续了智慧城市的"智慧"内涵。互联网、大数据、人工智能与体育实体经济的深度融合，使得智慧体育受到了越来越多学者的关注。智慧体育能让体育的服务与管理更"聪明"，能利用无处不在的各式传感器实现对各种体育行为的全面感知，利用云计算等智能处理技术对海量感知信息进行处理和分析，如对竞技体育、全民健身、体育场馆及设施等各种需求做出智能响应和智能决策支持。

智慧的重要表现形式是"创新"，在于对传统模式、理念的变革。智慧体育是新时代发展的要求，也是现代体育发展的方向，是一种以技术的创新运用为手段，以为体育活动参与者提供全面化、智能化服务为目标的体育模式创新。智慧体育的诞生意在落实全民健身国家战略，提升体育运营能力，盘活既有资源，进而满足城市群众日益增长的体育运动需求，让运动成为市民的健康生活方式。

智慧体育是基于新型的信息技术，为满足体育参与者的个性化需求、丰富参与者的体验方式、提高参与者的运动质量、促进体育事业的可持续发展而实现对体育发展中各项资源有效利用的变革，从而为体育活动的参与者提供智能化、高满意度服务的一种新型运动参与方式。

智慧的实现离不开先进技术的支持，特别是云计算、物联网、大数据、移动互联网等新一代信息技术。例如，物联网将物—物、人—物全面互联互通，传感器将传统的物理体育世界转变为数据体育世界，大数据、云计算等其他智能技术则对信息数据进行处理、分析，辅助服务供给及决策制定。因此，智慧体育可以理解为：应用物联网、互联网、大数据、云计算等智能技术对海量感知信息进行处理和分析，对包括竞技体育活动、群众体育活动、体育产业、体育文化、体育设施等在内的体育运动各个领域的需求做出智能化响应和智能化决策支持，使体育的管理和服务更加聪明。

智慧体育是物联网、云计算、大数据等新一代信息技术应用于体育领域的最新成果，是整合教育、医疗、旅游、文化等"体育＋"资源的系统性工程，它通过构建数字化、网络化、智能化的运动空间、运动模式、运动生态，全面提升体育服务质量，推进体育产业转型升级，以更迅速、灵活、正确地理解和响应人们更具个性化、多元化的体育需求。

（二）智慧体育的特征

智慧体育作为传统体育转型升级的最新成果，自然有别于传统体育，具有诸多传统体育尚不具备或不够显著的特征。其中，技术融合、资源整合、需求契合，是最为重要的三大特征。

1.技术融合

从智慧体育的概念可以看出，智慧体育是大数据、云计算、物联网等技术综合应用于体育的产物。因此，技术融合是智慧体育最为显著的特征之一。技术的融合与进步是一个渐变和永不停息的动态发展过程，体育与先进技术深度融合，加之技术之间彼此融合，能够实现聚合涌现效应，迸发出强大的生命力。更为具体的是，智慧体育的技术融合性表现为数据价值的彰显与智能创新常态化两大方面。

在新技术全面发展、紧密结合、相互协同作用下，数据的价值愈加凸显。随着传感器、生物芯片等技术应用于体育，越来越多的体育运动、消费等行为，能够通过数据的形式被度量、计算和实时感知。新技术通过提升数据计算与分

10

析能力，以及构建强大的数据互联系统，使传统体育逐步实现现代数据化，并进一步将数据转化成智慧洞察。

例如，将传统跑步机融入物联网、大数据、虚拟现实（VR）、体育仿真等技术，便可以使其升级成为一款具备"健身＋体能监控＋健康管理＋旅游社交"能力的"智慧"跑步机，实现三维场景数据、视频场景数据、个人运动数据、个人生理数据等体育伴生多重数据的收集、处理，并以运动指南、健康提示等形象、简易的方式进行具象呈现，提升运动的趣味性与科学性。越来越多的人通过使用智慧体育设备参与智慧体育运动，也通过自己的参与行为为智慧体育注入新的数据资源。由此，智慧体育本身便被建立在一个集数据采集、数据处理、数据分析、数据应用四大过程于一体的完整闭环之上。

同时，随着技术应用的不断深入，技术与体育的关系日益密切，技术成果转化为体育应用的周期不断缩短。新技术催生一系列的新产品、新服务、新模式，并在应用需求的推动下完成自身的创新和迭代升级。

2.资源整合

相较于传统体育，智慧体育更强调广泛覆盖的信息感知网络，实现体育行为中物与物、人与物、人与人之间的全面互联、互通、互动，以提供随时、随地、随需、随意的体育应用及服务。智慧体育突破了传统体育纯物理环境的局限性，将体育行为的物理空间和数字空间有机衔接起来，通过无处不在的信息网，对现实体育行为进行全面测量、监控和分析。体育运动由此突破了时间与空间的制约，实现了"线上—线下"资源的互联与共享，进而有助于实现各类体育资源的优化配置和最大化利用。

各主体、部门、行业间的边界和壁垒是传统体育存在的一大问题，这些壁垒的存在使原本存量巨大、彼此相连的体育资源处于封闭、割裂的状态，难以得到有效开发、应用。而智慧体育致力于实现开放资源及资源间的协同、有效整合，在跨级、跨域的服务平台之间实现数据的共享和系统的集成，使不同终端的运动数据可以实现同步更新、实时迁移、随意切换，不同设备可以实现同步接入、资源共享，最终使体育真正成为一个内涵丰富、自我生长、不断完善的"生命体"。更为具体的是，智慧体育通过开放平台的搭建，为体育数据价值的高效率、高质量呈现奠定基础，通过对海量资源的深度挖掘，发现资源价值。同时，通过体育参与者和谐高效的协调运作，为用户供给高效率、低成本、多层次的体育服务。

智慧体育具备突出的资源整合特性，对体育参与者及体育运动本身等具有积极的作用。对于体育用户而言，资源整合可以拓宽用户选择的空间，使用户更了解自己的运动现状，并为用户选择最适合自身的运动方式、运动场地、运动强度提供建议。对于运动设备供给者而言，资源整合使其掌握更多用户资源，更了解用户需求，为运动设备的更新提供便利。对于政府而言，资源整合有利于政府把握体育运动开展情况，为政策制定及决策实施提供支持。而对于体育运动本身而言，资源整合使体育内部形成一个可持续的生态系统，并不断向旅游、教育等领域拓展交融，不断丰富自身内涵。

3.需求契合

智慧体育强调对需求的管理和及时响应，以推动体育运动与多方需求相契合。不同主体对体育的需求具有天然的差异性，又由于体育本身具有多元价值，即使是同一主体参与的体育运动，其需求也各不相同。例如，用户主体参与体育运动就有提升身体素质、保持健康、休闲娱乐、社交等需求。智慧体育需要对这些不同人群的需求、不同层次的需求，进行采集、梳理、归类和规范，按流程管理，并利用数据形成定制化方案，生成更具个性的产品与服务。

一般来说，智慧体育可以通过网站信息平台、手机客户端等途径发布多样化的体育信息，供体育参与者选择。同时，这些平台及设备可以及时采集用户需求，并对需求进行汇总、分析，为场馆设计、设备完善、赛事呈现等体育产品与服务提供改进意见，完成需求响应。更为智慧的是，智慧体育可以通过传感器配套设备对运动信息进行读取，挖掘运动参与者的潜在需求，做到"比用户更懂用户"。

由此，对需求的积极响应使智慧体育更具交互性，既包括人与人之间的交互，也包括人与物，甚至物与物之间的交互。智慧体育构建了一种全新的交互模式，不仅包括运动员与教练、赛事观赏者之间的交互，运动参与者之间的交互，更包括人与器械、场馆、城市之间的交互。完备的基础设施及无所不在的信息联动，使智慧体育为体育爱好者不受时间、地点限制参与体育运动，感受运动魅力提供可能。同时，器械、场馆等设备与空间也不再是静态的概念，它们能了解用户的需求与偏好，记录用户的运动历程，甚至引入一定的运动场景，使运动更生动、更科学、更有魅力。

二、智慧体育的架构

智慧体育不仅是一个虚化的理念，更体现在具体的实践活动当中。体育大数据、虚拟现实体育等一系列全新的智慧体育模式相继出现，智慧体育政策、法规、标准等制度文件相继出台，智慧体育安全、运营、管理等话题广受关注，智慧赛事、体育旅游、智慧体育大平台等概念走入大众生活，体育的面貌已然发生翻天覆地的变化。用户参与体育运动的渠道更为多样，方式更为生动，体验更为优质。同时，一大批全新的体育产业兴起，为体育发展注入全新动力，更推动实现体育价值。此外，体育与体育外各元素之间的联系日益密切，多主体间的相互合作以及多领域间的相互渗透，日益成为一种常态。

通过纷繁复杂的实践活动不难看出，智慧体育建设是一项涉及多方主体、多重要素的系统性综合工程。要想探究"如何建设智慧体育"，必须把握这一系列纷繁复杂的实践活动间的内在联系，梳理智慧体育的建设逻辑，明确智慧体育的基本构成，进而明确应当从哪几个方面着手开展建设活动。建设智慧体育，需要在清晰界定智慧体育概念的基础上，对智慧体育的体系架构进行探究。

（一）智慧体育的总体架构搭建

所谓智慧体育，简单来讲就是大数据、云计算、物联网等新一代信息技术作用于体育领域的结果。智慧体育在保有竞技体育、全民健身、体育产业等基本架构的基础上，有效整合教育、医疗、旅游、文化等"体育＋"资源，形成一种比较高级的体育生态系统。这一系统的构建，离不开先进技术的驱动，离不开政策、法规、标准多方力量的保障，更需要体育金融、体育旅游、体育医疗等"体育＋"衍生产业的落地化实践创新。

1.先进信息技术与体育运动的融合

智慧体育是由先进信息技术推动的，智慧体育的实现离不开大数据、云计算、物联网等新一代信息技术的作用。将技术融入体育，为传统体育注入新鲜血液，推动体育实现智慧化。

大数据技术发挥在数据采集、存储、处理、分析、应用等方面的优势，从海量数据中快速获取有价值的信息，挖掘体育数据背后的秘密。通过数据挖掘与分析整合，可以为体育运动用户提供更具科学性、专业性、个性化的运动建议，对体育相关企业生产经营方向进行调整，并对政府体育政策的制定、监控、落地提供更有针对性的建议。

云计算技术为智慧体育提供新型的服务管理模式。凭借在虚拟化及容错特性方面的优势，云计算技术将体育相关软件、硬件及数据资料紧密联系起来，并可根据实际需求进行结构体系调整，实现动态增量数据的存储与管理，为体育的一系列智能决策提供计算和存储能力支持，甚至可以依靠可靠的调度策略，实现对体育资源的高效、即时分配。

物联网技术为智慧体育提供信息基础设施支持。通过将传感器网络与射频识别装置连接在一起，物联网构建出一个覆盖所有人与物的网络信息的网络，实现物理世界与信息世界的无缝连接。通过物联网技术，体育场地、运动设施等客观世界中现实存在的物走进虚拟的网络世界，开始拥有数字化、信息化、智能化的属性，并通过智能接口彼此连接，更好地为用户服务。

由此可见，智慧体育"拥有"智慧，离不开信息技术的支持。如今，各项信息技术被广泛应用于竞技体育、全民健身、体育产业等领域，使运动健身更科学、更高效、更友好、更专业，体育运动用户正在享受着科技带来的红利；世界一线的体育品牌，正加紧布局一系列高科技体育产业发展模式；政府机构正尝试在体育决策制定、体育管理、体育服务中，更好地发挥技术的力量。

更为重要的是，技术与体育结合，诞生出全新的智慧化体育平台。智慧化体育平台集场馆预约、教练预约、赛事播报、资讯查询、运动社交多种功能于一体，有利于实现各方数据的串联与共享，对用户、企业、政府三方都具有积极的意义。

2.竞技体育、全民健身与体育产业的架构

智慧体育着力发挥先进信息技术对体育的作用，但并没有改变竞技体育、全民健身、体育产业的基本架构。其最终目的在于以技术力量推动竞技体育、全民健身、体育产业更好地发展。

在竞技体育方面，信息技术促进了运动员训练方式和技术的发展，极大地提升了运动训练的科学化、专业化水平。例如，大数据、物联网技术配合可穿戴设备，可将运动员健康状况与运动指标等数据实时上传，并通过智能整合、分析、比对，生成智能化运动指南。同时，信息技术推动了竞赛设备的进步。融合新技术的新型塑胶跑道、运动跑鞋，推动运动员突破极限，创造出更优异的成绩。信息技术能够有效地促进竞技体育赛事的管理与判罚更趋科学，真正做到公平、公正、公开。此外，信息技术加速竞技体育赛事的传播。移动互联网、虚拟现实等技术，使竞技体育赛事打破时间与空间的界限，在全球范围内传播，使竞技体育"更高、更快、更强"的理念更加深入人心。

在全民健身方面，先进信息技术着力解决用户"去哪儿健身""如何科学健身""如何个性化地指导健身"等问题，使用户享有更科学、更专业的运动指导，更便捷、更高效的运动体验，以及一站式运动健身服务；同时为政府全民健身政策的出台、调整提供数据支持，对政策效果与实施情况进行智能化监控，并对运动健身服务的落地提供资源渠道和要素保障。

在体育产业方面，先进信息技术通过对数据的整合、处理、挖掘，指导企业即时、准确地认识自身产品及服务的优势与不足，剖析用户偏好，对用户需求进行有效管理、及时响应，进而实现自我升级、自我优化，以数据指导企业调整生产经营方向，更好地实现良性发展与竞争。同时，政府可以通过对全民运动数据、体育产业数据的监控，即时调整产业政策，推动体育产业体系更趋完善、结构更趋优化、区域发展更均衡，有效地激发市场主体的活力和创造力。

3.整合"体育+"资源，发展衍生产业

资源整合是智慧体育的一大特征。在先进技术的作用下，体育系统通过标准化接口与智慧城市中的旅游、医疗、教育、物流等智慧系统进行连通，共享

基础数据，进行多方面的对接和配合。

教育、医疗、旅游、文化等"体育＋"资源通过有效整合，形成一种比传统体育更广大、更高级、更智能的体育生态系统，使体育从一个"小体育"的概念发展成为"大体育"的概念。"体育＋"创造了体育旅游、体育医疗、体育金融等衍生产业，众多复合型产业和跨业融合新业态也应运而生。而这些新业态也已成为智慧体育落地化的重要实践形式，使智慧体育更具发展潜力，更能走向大众，更好地满足用户的需求。

4.保障体系的完善

智慧体育建设作为一项系统性工程，离不开多方主体的支持，也受到国家政策、经济发展等因素的影响。智慧体育的健康、高效、有序发展，离不开保障体系的支持。保障体系的建立可以为智慧体育发展提供必要的规范和指导，或者对其构成约束，也可为其提供支持力量，驱使智慧体育的发展提质增速。智慧体育保障体系内涵丰富，较具代表性的包括智慧体育政策决策、法律法规、标准规范、安全保障、运维管理等，贯穿智慧体育规划、建设、运行、革新的整个过程，是智慧体育总体框架中不可缺少的一部分。

具体来说，政策决策、法律法规、标准规范等每一方面又可划分出多个层次，融入智慧体育发展的每一环节，实现全方位的保障作用。例如，在安全管理方面，就包括物理安全、网络安全、数据安全、系统安全、应用安全等内容，既包含体育基础设施、运动设备等实体领域的安全性，也包括体育资源数据、体育基础网络传输等虚拟领域的安全性；既包括体育产品、服务成果本身的安全性，也包括用户参与体育运动过程、使用体育运动产品的安全性，可谓系统而全面。

除在覆盖范围上更具优势，智慧体育保障体系比传统体育保障体系更强调新技术的作用。例如，政府政策的制定告别传统决策的方式，更多依据数据的分析与判断，结合人工经验，进行科学决策。同时，智慧体育保障体系与具体的方案实践联系更为紧密。例如，运营维护、安全保障等往往作为重要的建设层面，整体嵌入智慧赛事方案设计中，推动赛事平稳、优质开展。

总之，智慧体育保障体系的建设，使体育保障告别从前孤立、缺位等不足，与智慧体育建设各个部分紧密结合在一起，发挥不可替代的作用。

（二）智慧体育大脑

总体架构的搭建，对"如何建设智慧体育"这一问题进行了全面立体又兼具系统化的解答，但仍停留在一个相对宏观的概念上。而架构的落地需要一个个具体化工程，其中，智慧体育大脑便是最具代表性的工程之一。

智慧体育大脑的概念来源于城市大脑，并随着近年来城市大脑热度的不断升温，逐渐成为业界讨论的焦点。对于智慧体育大脑，目前尚未形成一个统一的定义，更多的是作为一个营销概念而存在。但这并不意味着智慧体育大脑是一个依靠热点生造出的虚大于实的概念，它的存在源于体育发展的实际需要。一方面，体育系统仍然建立在彼此独立的信息模块之上，加之体育系统本身是一个存在多个主体、多重要素的复杂体系，导致海量数据信息散落在各个行业和领域，"信息孤岛"现象相对普遍，资源利用率低。另一方面，政府等体育管理者面对庞杂的体育数据，难以及时应对、高效做出决策，导致决策效率、质量均难以得到保障。

同时，从部分城市已发布的城市大脑建设规划中，也可以窥见智慧体育大脑的冰山一角。智慧体育大脑是智慧体育建设的必然产物，尽管目前尚不成熟，但已在不断的理论探索与建设实践中逐步走入大众的视野，并转化为部分落地化的成果。

体育大脑是"城市生命体"理论和"互联网＋现代治理"思维的综合产物，聚焦体育信息流动的问题，着力提升体育相关决策的科学性、有效性。主要的服务对象是作为体育管理者的政府部门，以技术的力量使体育告别"神经系统"建设和有限关联的"初级智慧"状态，实现真正意义上的智慧。体育大脑之所以被称为"大脑"，是因为人们希望其能够像人类大脑一样，具备全局感知、及时反应、自主决策、协调各方的功能，向着与人脑高度相似的方向进化。

探究人脑的运作方式，可以发现人脑功能的实现需要三大系统形成合力：一是感觉神经系统，它能将体外信息传入脑内，进行有效汇总；二是中枢神经系统，它能对信息进行处理分析，生成决策，驱动身体做出回应；三是运动神经系统，它能驱动肌肉、内脏、腺体，将脑的决策付诸行动。同样，智慧体育大脑拥有数据系统、分析系统、执行系统三大组成部分，从而形成了"发现—决策—行动"的完整闭环。

数据系统类似人脑的感觉神经系统，负责数据的感知与整合。一方面，运用云计算、大数据等新技术，采集、整理人类所不能处理的超大规模数据，实现人与人、人与物、物与物的信息交流，使人类社会、信息空间和物理世界融为一体，进而实现对整个城市的体育运行状态的动态感知与实时监测。另一方面，遵循统一规范、安全可控、充分共享的原则，接入政府、企业、社会团体、运营商等海量数据源，将跨区域、跨层级、跨部门、跨时间的体育运动数据集中在同一平台上，实现数据间的互联互通、融合共享，以数据的集成化推动管理分析和统筹规划的集成化，为决策制定奠定良好基础。

分析系统类似人脑的中枢神经系统，负责数据分析与辅助决策。该系统通过数据系统汇集的海量资源，利用现代人工智能技术，洞悉人类难以发现的复杂的隐藏规律，形成基于机器智能模式的对体育运动发展态势和状态的认知，进而提出打破人类决策局限性的全局最优决策方案。相较于人工分析决策，语义分析、统计推理、深度学习、演绎推理、知识表现等方法会对复杂的体育数据进行综合分析。庞大的数据基础极有可能挖掘出新的管理与服务规律，为人们提供全新的决策视角，并对未来可能的发展趋势进行合理化预测。

执行系统类似人脑的运动神经系统，负责将分析系统得出的决策落地化。使系统中的一系列超级应用覆盖多个领域，包括智慧赛事、智慧场馆、智慧体育教育等。这些应用建设源于分析系统的决策成果，因而更具有科学性，更能充分、有效、合理地发挥各自的价值。

同时，应用的落实过程是在体育大脑系统的控制下进行的，可以有效避免决策执行出现严重偏差，并能在发生状况时，进行及时有效的应急处理。此外，智慧体育在落地的过程中会源源不断地为体育大脑提供反馈，这些新的反馈数据会被数据系统吸纳，进而投入体育大脑的运作闭环中，推动整个系统不断实现自我优化。

智慧体育大脑运作的核心在于以技术力量推动决策优化。凭借以感知化和互联互通为特征的数据系统，以及综合智能的分析，体育大脑在空间上打破了数据信息之间的壁垒，强调不同主体、要素间的共享、开放、协同。同时，体育大脑突破了人类决策能力极限，通过强大的资源整合、及时反应、自主学习能力，实现更精准的动态把握、更智能的资源调配、更高效的应用落地、更前瞻的规划预测，进而使体育决策与建设更加智能，更能满足广大用户的需求。

第三节　智慧体育的发展背景

体育是一项以增强人的体质、促进人的全面发展为目的的身体教育活动，是一项提高生活质量、促进精神文明建设的社会文化活动，更是一项随人类经济社会发展而不断发展的产业活动。特别是在信息化的今天，在政策、技术、消费等因素的驱动下，体育产业已然朝着智慧化的方向发展，跨入转型升级的快车道。

一、智慧体育的发展基础与形势

生命在于运动，体育是以运动的方式对身体进行教育的活动，其本质特点是以身体练习为手段，达到增强体质的效果。随着体育自身的不断发展，以及人们对于体育认识的不断深入，体育的内涵逐渐丰富起来。当代体育集政治影响力、经济生产力、文化传播力、社会亲和力等于一体，全方位地融入国家竞争战略、城市竞争战略中。

（一）体育的多元价值

体育的身体教育价值固然重要，但随着社会的进步，特别是商品经济的发展，其在政治、经济、文化等领域所体现出的多元价值越来越显著，并且体育的多元价值逐渐成为支持体育不断前行、转型升级的重要源泉。

1.体育是一种事业

体育是一项全民性的事业，其代表着青春、健康、活力，关乎人民幸福、民族未来，具有政治及社会价值。诸多国家将体育作为一项事业推进，致力于增强国民体质，建设体育大国、体育强国。将体育视为一种事业，就要坚持以人民为中心，把人民作为发展体育事业的主体，把满足人民健身需求、促进人的全面发展作为体育工作的出发点和落脚点，落实全民健身国家战略，不断提高人民健康水平。由此，全民健身事业便被放在了体育事业的首要位置。

"一切体育为大众"，将体育视为一种事业，强调的是体育运动的全民参与性。通过多类型的运动开发、多样化的媒介传播、多种类的设施建设等手段，更多的人能够参与体育运动，享受体育带来的健康、快乐，能够使运动走入人们的日常生活。将体育视为一种事业，其实质是强调体育对国民健康的投资价值，以体育运动提升人的能力维度，加速人的能力积累。其所带来的不仅是个体体质的提升或个人素质的提升，更会产生外溢效应，使家庭受益、他人受益、社会受益。

2.体育是一种文化

体育是一种追求公平、公正、卓越的文化，弘扬健康、向上、积极的力量。而竞技体育是体育文化价值的重要表现形式，提倡最大限度地挖掘人在体力、智力等方面的潜力，攀登运动技术高峰，创造优异运动成绩，彰显拼搏奋进、团结高尚、激励人心的精神。正如现代奥林匹克运动所提倡的更快、更高、更强的精神，将体育视为一种文化，强调其突破自我、追求卓越的功能，体现凝聚力量、铸就梦想的价值。随着社会的不断发展，体育也更加强调在人类共享公平、正义的行为规则下，进行极具观赏性的艺术创造，给人以一种既激烈、精彩又和谐、优美的感觉，充分彰显其文化价值。

3.体育是一种产业

体育是一个前景十分广阔的朝阳产业，是为社会公众提供体育产品与服务的活动，以及与此相关联活动的集合，在经济和社会发展中独具价值。将体育视为一种产业，最早可追溯到十六七世纪的英国，这一时期的体育产业是伴随着资本主义生产方式的形成及演化逐步发展起来的。在技术革命及其引发的生产力飞速发展的背景下，体育产业逐步形成职业俱乐部制与联盟制两大运作模式，与资本市场的联系日渐紧密，在国民经济中的地位日益突出，基本可以实现财富创造与独立发展。

总体上讲，体育是一种在传统产业基础上不断激发新兴活力的，具有战略性、创新性及规模效应的产业。从战略性层面讲，体育产业具有发酵效应，可以融合第一、二、三产业，提振国家经济潜力，带动其他产业高质量发展，为经济转型升级提供新的强大动力。同时，体育产业既是幸福产业、民生经济，还具有维护国民身心健康、提升社会劳动力质量的特殊价值，对满足人民对美好生活的需要具有独特的、不可替代的意义。从创新性层面讲，体育产业市场潜力巨大，辐射范围广，成长适应能力强，并逐步转型为知识、资本双集聚的高价值产业。同时，体育产业是有较强融合性的产业，其通过跨业融合和空间融合等形式，不断推进体育与其他要素的融合，催生出诸多新的产品与经济业态。从规模效应层面讲，体育产业自身可以创造良好的经济效益及社会效益，同时其凭借广泛的联动性特征，带动诸多关联产业的发展，愈加彰显其为社会提供公共服务与产品的价值属性。

目前，大多数国家体育的产业价值挖掘已相对成熟，甚至成长为本国产业结构中的支柱产业或主导产业。随着我国经济发展水平的不断提升，城乡居民收入稳步增长，基础设施日趋完善，这些为体育产业发展不断带来利好元素。近年来，体育产业的重要性不断提升，发展的目标与路径愈加清晰，工作重点日益聚集，战略定位逐渐凸显。

（二）体育的繁荣与困境

在全民健身、竞技体育和体育产业中，全民健身注重将体育视为一种全民参与的事业，竞技体育注重将体育视为一种追求卓越的文化，体育产业则注重将体育视为一种带来经济效益的产业。但全民健身、竞技体育、体育产业三者又并不是完全孤立存在的，而是相互关联、相互融合、密不可分，统一于体育发展的过程中的。其中，全民健身为竞技体育、体育产业的发展夯实群众基础；而体育产业的发展，尤其是结构的优化，则为全民健身、竞技体育的更好开展提供便利。以下从"产业"这一角度，对体育发展现状进行概述。

进入 21 世纪，具有较强产业带动能力与就业吸纳能力的体育产业，受到诸多国家的关注，呈现出良好的发展态势。各类由体育联盟、体育联合会、体育团队等举办的赛事，颇受人们欢迎。体育产业体系完备，横跨职业比赛、休闲健身、体育用品、文化传媒诸多领域，经营模式较为成熟。

我国体育产业发展取得了一系列突出成绩，发展势头强劲。体育产业规模呈现稳步扩张态势。体育产业机构数量明显增加，从业人数不断增长，消费市场日益繁荣。

一方面，体育产业体系日益健全。2015 年发布的《国家体育产业统计分类》，对体育产业品类进行完善，将体育产业划分为体育管理活动，体育竞赛表演活动，体育健身休闲活动，体育场馆服务，体育中介服务，体育培训与教育，体育传媒与信息服务，其他与体育相关服务，体育用品及相关产品制造，体育用品及相关产品销售、贸易代理与出租，体育场地设施建设等类别。体育产业已初步形成以竞赛表演和健身休闲为驱动力，以体育用品为支撑点，包含体育场馆、体育培训、体育中介、体育传媒等业态的完整体系，并呈现出与科技、文化、传媒、健康、养老、旅游等相关行业融合的趋势。

另一方面，体育产业结构趋于优化。直接与公众体育消费相关的体育竞赛表演、休闲健身活动产业量增长突出，体育服务业蓬勃发展。体育产业呈现多种经济成分并存，非公有制经济占据主体的格局。

放眼全球，尽管各国受历史文化、经济发展水平等因素的影响，在体育产业发展中存在差异化问题，但总体上，全球体育产业发展势头强劲，发展程度趋近，且陆续面临相似挑战。一方面，需求多元化导致传统体育产业模式难以对用户需求进行有效管理、及时响应，进而导致体育消费刺激不足，体育参与度低迷。另一方面，未能实现对体育信息的有效交流、融合及共享，对体育产业的有效科普、参与、推广产生阻碍。由此可见，突破发展瓶颈，找到一条转型升级之路，对进一步盘活体育产业的既有资源，实现产业的可持续发展尤为重要。

（三）体育向智慧体育迈进

要想成功突破体育发展瓶颈，人们关注的重点必将不能局限在发展的速度或规模上，更应该是发展的质量与可持续性。由此，从体育大国向体育强国迈进，逐渐成为体育发展的方向和目标。这一目标能够使体育更好地满足人们对美好生活的需要、能够体现发展的新理念，使创新成为第一动力、协调成为行动先导、绿色成为普遍形态、开放成为必由之路、共享成为根本目的，推动体育产业实现转型升级和跨越式发展。而这一目标的实现，也必将推动体育向着更加智能的方向迈进。

建设智慧体育是新时代的要求，也是现代体育的发展方向。"智慧体育"顾名思义是让体育变得更有智慧，即通过新一代信息技术等新兴技术和理论的不断发展和应用，使体育具有与人的智慧相似的迅速、灵活、正确地理解和解决问题的能力，以让体育更好地发挥自身功能与服务职能，彰显自身多元价值，也使主体——人更好地参与体育运动中。

智慧体育概念的提出及落实推进，为体育发展瓶颈的有效突破提供了机遇。一方面，智慧体育作为现代信息技术与体育融合发展的一种新形态，可以有效地发挥技术模式的连接性与数据化优势，无论是在体育资源整合方面还是在体育需求挖掘方面，均可取得突出成效。智慧体育通过开放平台的搭建等方式，对处于分散状态的多元主体、多元结构的体育信息资源进行整合，实现了信息的有效交流、融合及共享；另外通过对数据的采集、处理、分析、应用，加强对体育市场需求和消费趋势的整体把握，引导体育企业开发符合市场需求的体育产品和服务。另一方面，智慧体育将开放、共享、包容的理念融入体育当中，打破了传统体育系统、体育产业各领域的条块分割的格局，促进体育产品与服务供给的细分化、智能化、专业化。同时，凭借广泛覆盖、互联互通和类群化特征，打造各种利益和兴趣细分群体，使越来越多的普通公众参与体育运动。

由此可见，智慧体育为体育发展带来诸多改变：体育信息的透明度及价值性得到有效提升，体育需求从低水平、单一化向多层次、多元化拓展，体育消费方式从实物型消费向参与型、观赏型消费扩展，体育产业从追求规模向提高质量和竞争力扩展，体育必将由此踏上转型升级之路，迎来重大战略机遇。尤其在信息化革命持续推进、"互联网＋"迅速发展、智慧城市建设日趋完善的时代背景下，智慧体育的发展早已不再停留在一种理念构想或发展方向上，真正落实为突破瓶颈、实现转型升级的具体行动。在政策、技术、消费多重要素的驱动下，智慧体育建设变得尤为切合实际。

二、智慧体育发展的影响因素

体育作为一种特殊的社会现象，其发展必将受到全球经济、社会、政治、文化、科技等因素的影响。在众多影响因素中，以下特选取政策、消费因素，探讨其对体育发展的驱动作用。其中，积极政策为体育发展提供顶层设计，更从根本上打破了转型升级的枷锁；消费升级牵引体育产业转型升级，引爆体育产业发展拐点。政策、消费及其他动力因素叠加，合力推动体育向智慧体育方向迈进。

（一）积极政策

体育的发展既与国民生活息息相关，又与国民经济发展密切相连，具有至关重要的地位。政策作为一种计划性的政府行为，通过一系列的制度设计，对国家各领域发展均具有强烈的引导和示范作用，对于体育的发展更是如此。总体来看，积极政策可以改变无序的市场竞争状况，支撑体育实现持续健康发展；更可以从顶层设计的角度，对体育发展方向进行规划，打破转型升级的枷锁，牵引体育迈向智慧化。

具体到我国，体育的发展伴随着一系列积极政策的出台。国家政策可以从战略的高度，对体育发展进行整体性规划，更对体育未来发展提出更高要求。

例如，2014 年，《关于加快发展体育产业促进体育消费的若干意见》提出优化产业布局、改善产业结构、抓好潜力产业等方面的任务。2016 年，《全民健身计划（2016—2020 年）》明确提出到 2020 年我国体育建设方面的发展目标。同年颁布的《"健康中国 2030"规划纲要》，提出发展体育新业态。近年来，政府政策鼓励体育变革的声音日渐清晰。2014 年，政府工作报告提出"发展全民健身、竞技体育和体育产业"；2018 年，政府工作报告明确提出体育产业的发展要充分依赖"互联网＋"、人工智能、云计算、大数据等，做大做强产业，使其成为经济发展的新动能"，支持社会力量提供体育服务，积极推进体育改革。

除宏观战略规划，国家政策还可以为体育发展提供更加具体的指导意见，明确体育于未来一段时间内发展的主要任务、重点内容、主要措施等。

政策的出台对体育建设进行规范，为其健康可持续发展保驾护航。例如，国家体育总局从 2002 年开始，陆续出台十多项《体育场所开业条件与技术要求》强制性标准，以及两项《体育场所等级划分》推荐性标准，加快了体育产业标准化的发展。明确标准不仅有利于体育发展的规范化，更能打破体育发展的枷锁，为其转型升级助力。

（二）消费升级

我国早已认识到体育消费的巨大潜力，2016 年，国家将体育与旅游、文化、健康、养老并称为"五大幸福产业"，要求引导社会资本加大投入力度，通过提升服务品质、增加服务供给，不断释放潜在消费需求。由此可见，消费升级并非一个伪命题，恰是牵引体育产业转型升级、引爆体育发展的重要拐点。

一方面，消费升级伴随需求变革，带动相关产业革新。随着经济发展水平的提升，越来越多的家庭正从"温饱型"向"享受型"过渡，公众对体育娱乐、健身运动的需求相应增长。曾经奉行"金牌战略"的行政体育需求，逐渐被日益增长的公众体育需求代替，体育开始从非消费型向消费型转变，亟需寻求产业化的运作模式。

同时，消费升级并不单纯体现在消费投入数量的提升上，更体现在对消费质量要求的提升上。公众越来越不能满足于传统的体育参与方式，需求更为多元化、个性化。例如，公众渴望观赏、参与更多种类的体育运动，体验更为丰富的运动内容。重视运动本身价值的实现，重视运动的过程，渴望获得更为科学、更加身临其境的运动体验。更重视体育于锻炼身体之外的多元价值，追求身心放松、感官刺激、品位提升、个性彰显。因此，如何准确、快捷地向这个庞大的市场，提供能够满足群众健身个性化需求的体育资源便成为一个重要的课题，这也为体育发展提出了新的要求。爆发式增长的体育消费市场，必然成为智慧体育高速发展的有力支撑。

另一方面，消费升级刺激资本市场，助力体育转型。伴随消费升级，体育运动参与人数越来越多，体育运动的关注度越来越高，而"资本逐利"是颠扑不破的真理。嗅觉灵敏的资本市场必将抛弃传统体育产业模式，以期获得更高的回报率。随着体育产业迎来高速发展期，社会力量投资体育产业的热情空前高涨，资本的大举挺入有利于满足体育发展先期所必需的资金、技术、渠道等方面的诉求，助力商业模式创新与技术创新，成为促进智慧体育发展的"超级引擎"。

同时，资本的介入可以有效激活体育市场，并进一步撬动增量市场，打造"体育＋"生态，影响产业发展方向。资本市场利用自身巨大的资金规模、强大的信息处理能力，能够判断自身风险和收益，挖掘高潜力新兴技术及模式，为未来体育发展提供更多潜在的方向选择。而资本市场出于逐利本性，又会自发地由利润率低的产业流向利润率高的产业，推动体育进行积极的自我革新，实现转型升级。

三、智慧体育与智慧城市

伴随移动互联网、大数据、云计算等新一代信息技术的出现，以及各类智能化应用的兴起，世界的基础结构正在朝着智慧方向发展，我们已然进入智慧城市时代。智慧体育诞生于智慧城市建设背景下，是智慧城市在体育领域的落地化实践。毋庸置疑，智慧城市对智慧体育的概念形成与建设发展，起到至关重要的作用。随着智慧体育建设的日趋成熟，其对智慧城市发展的促进作用也日趋明显。智慧体育与智慧城市的相互融合正在成为一种趋势，而这种趋势在当今最显著的表现，便是城市体育大脑的出现。

（一）智慧城市的体育实践

2008 年，IBM（国际商业机器公司）提出智慧地球的概念，将信息技术充分运用到各行各业，使其深入交通、医疗、能源、教育等城市生活的方方面面，以期能够更透彻地感应、度量世界的本质和变化，促使全球更全面地实现互联互通。而城市是地球的缩影，其发展所面临的机遇与挑战，代表了人类在这个地球上所面临的机遇与挑战。构建智慧地球，从智慧城市开始。

1.智慧体育诞生于智慧城市

智慧城市就是在科技创新的背景下，以互联网、电信网、广电网、无线宽带网组合为基础，以物联网技术为核心，以工业化、信息化、新型城镇化、农业现代化为目标的城市建设。智慧城市建设是推进国家新型城镇化，促使城市规划、建设管理和服务智慧化的重要举措。同时，智能交通系统的研究与开发，正伴随着现代科技的发展，得到了越来越多学者的关注，其发挥的作用、带来的影响，也不再仅仅局限于交通运输领域。智能交通的应用，推动了民族工业的崛起，带动了经济的发展，同时也刺激了社会对高新技术的巨大需求。

体育是城市大文化的重要组成部分，在提升城市国际竞争力、展现城市精神、提升市民健康素质和生活品质等方面，发挥着至关重要的作用。城市的建设与发展是一项系统性工程，体育是其中重要的组成部分，其建设与发展和城市规划、城市基础建设、城市结构转型等方面密切相关。同时，智慧体育是智慧城市的一个重要组成部分，是智慧交通、智慧医疗、智慧教育、智慧能源、智慧旅游、智慧金融等城市建设系统性工程中的一项，是智慧城市建设在体育领域的具体体现。

"智慧城市"一经提出，便受到了广泛的欢迎，越来越多的行业开始应用智慧产品与服务，以谋求自身的提升与改善。在智慧城市建设迅速发展的背景下，智慧体育应运而生。智慧城市为智慧体育建设提供了物质基础和技术支持，并对智慧体育进行了初步的架构。智慧体育吸纳了智慧城市"智慧"的核心理念，探索将互联网技术、移动通信技术、物联网等新兴技术应用于体育领域的体育活动方式及管理模式，进而构建新的体育产业环境形态，赋予体育人格内涵。

2.智慧城市奠定智慧体育基础

智慧城市为智慧体育奠定技术基础。智慧城市并不是一个只存在于理念中的概念，它可以在现实中被感知到。其中获得感知的基本路径之一，便是借助新兴技术。技术沉淀是智慧城市的重要特征之一，智慧城市的建设离不开移动互联网、大数据、云计算、物联网等先进信息技术的支持。这些技术应用于体育领域，也为体育的智慧化发展发挥了积极的作用。例如，物联网涉及的感知层、网络层、应用层等技术，就为智慧体育的发展提供了基础的网络架构铺设。

智慧城市为智慧体育奠定政治基础。智慧城市要求城市的管理者和运营者把城市看作一个生命有机体，看作包括交通、能源、商业、通信、人等元素在内的系统的"智慧"建设，而非复杂功能的简单叠加，而体育也是这一复杂有机生命体中的一部分。城市生命体的正常运转，离不开政策的支持。智慧城市的发展过程需要一系列配套政策的支持，而这些政策往往能够延伸至智慧体育领域，或为智慧体育建设提供方向指导，或为智慧体育发展制定标准规范，为智慧体育带来更加广阔且持续的发展空间。

智慧城市为智慧体育奠定经济基础。智慧城市改变了城市的治理逻辑，在经济动能、要素构成、协同方式、转型路径等方面均发生了明显的变化，城市发展由此站上一个新的起点，创造的市场价值超万亿元。智慧城市建设所创造的巨大经济红利与市场空间，为智慧体育建设奠定了基础。同时，智慧城市建设中智慧医疗、智慧教育、智慧金融等领域的发展，及其创造的竞争优势，会沿产业链进行全面延伸，进而带动智慧体育的发展。例如，智慧金融以金融创新的方式，探索新金融与体育产业的融合模式，实现在支持体育行业发展的同时，让投资者增加财富。而智慧艺术的发展，则更直接地通过新媒体革新，在体育信息传播、浸入式参与、智慧化运营等方面做出贡献。

（二）智慧体育与智慧城市的互助

体育与城市之间具有天然的联系。现代体育始于工业革命所带来的城市化高速发展，与城市化进程高度相关。城市的发展促进了现代体育的发展，现代体育的发展，尤其是智慧体育的发展，又反过来激发了城市的活力。

1.体育影响城市

提到体育，越来越多的人会将其与城市的文化建设联系在一起，如自行车之于哥本哈根，足球之于谢菲尔德。体育能够成为城市的名片，重塑城市的形象，赋予城市更加鲜活的生命力。例如，主动申办和创办大型体育赛事能快速提升举办城市的全球影响力。不少城市也依托体育的力量，展示了城市面貌，从区域中心城市发展成国家中心城市，甚至成为有国际影响力的城市。与此同时，体育可以充当城市人文精神升华的催化剂，并更为具体地表现为充实城市居民的精神文化生活，培养战胜困难的信心和进取精神，增强凝聚力、城市归属感等方面。

体育对城市的影响不只局限于丰富城市文化内涵方面，还更为切实地体现在对城市转型的助推作用上。对于城市，体育不仅是一种文化活动，更是一种经济增长方式、城市发展模式，早已被纳入政府的长期战略中。发展体育运动，尤其是举办大型赛事，往往需要建设一批现代化的体育设施，需要城市公安、交通、通信、环保、志愿服务等方面协同配合，从而对城市建设提出新的需求。为满足这些需求，城市基础设施、管理水平等均需要完善，在此过程中整个城市面貌会发生翻天覆地的变化，城市管理、治理也会相应发生改变。由此可见，体育可以使城市的体育劳动力资源、体育产业资金、体育技术信息等生产要素集中起来，进而助力提升城市品质。

随着城市文化魅力的提高与生活品质的提升，城市会有能力吸引更多高质量的投资和人才，进而实现发展的良性循环。不同于工业时代以自身为资源型城市为荣，今天的城市正在越来越多地依靠体育、文化、艺术等诱因和媒介，吸引人才流、资本流、技术流和信息流向城市聚集。

2.智慧体育激发城市活力

体育影响一座城，体育的发展与城市的发展密切相连。智慧体育的出现，突破了体育发展的瓶颈，在为运动参与者提供更多更优质服务的同时，促进了智慧城市的建设与发展。体育产业的科技理念，解决了网络城市"数字空间"与现实体育"物理空间"相分离的问题，成为城市智慧化转型升级的重要途径之一。而智慧体育能调动场馆预订、体育培训、体育营销、体育社交等领域的上下游资源，以有效资源整合促进自身发展的同时，也能带动相关产业的迅速发展，使智慧城市内涵逐步拓展，激发城市活力。

智慧体育的一大特征是体育与科技的结合，需要通过可穿戴智能设备应用、体育大数据平台搭建等渠道，利用物联网、大数据、移动互联网、虚拟现实等手段，整合资源，把体育运动服务落到实处。而在这一探索过程中，无论是新技术的研发、新服务的拓展，还是新平台的搭建，都终将成为智慧城市建设的一部分。

随着智慧体育发展进程的不断推进，体育产业开始呈现出与其他产业相融合的态势，将体育逐步融入智慧城市发展的各个角落，发挥体育智慧魅力，带动智慧城市相关产业发展。较为直接的是，智慧体育发展产生的正外部效应，会辐射产业链向上下游，带动智能器械、可穿戴设备等智能终端产业的发展，以及体育搜索引擎、新媒体、在线服务等配套服务产业振兴。而智慧体育更孕育出独特的"体育＋"产业，以跨业融合的形式，催生出诸多新的产品与经济业态，扩大智慧体育的影响力与辐射面。例如，"体育＋旅游"便是体育与旅游的融合体，它依托良好环境，做好体育文章，结合城市自身特色和优势，挖掘城市文化内涵，打造体育旅游品牌，使城市成为体育旅游爱好者的目的地，进而激发城市发展潜力。

第二章　智慧体育建设的技术支持

第一节　计算机网络基础
与安全技术

按照资源共享的观点,计算机网络是以能够相互共享资源的方式互联起来的自治计算机系统的集合。资源共享观点的定义符合目前计算机网络的基本特征。

一、计算机网络的功能

计算机网络极大地拓宽了计算机的应用范围,打破了空间和时间的限制,解决了大量信息和数据的传输、转接存储与高速处理的问题,使计算机的能力大大加强;提高了可靠性和可用性,使软硬件资源由于可以进行共享而得到充分挖掘。可以说,计算机网络的应用必将大大促进社会各行各业的发展,为人类的美好生活提供更加有效的手段,同时利用计算机网络,也可以使整个社会获得巨大的经济效益和社会效益。计算机网络的功能如下:

第一,资源共享。在计算机网络中,资源包括计算机软件和硬件以及要传输和处理的数据。资源共享是计算机网络的最基本的功能之一,也是早期建网的初衷。网络中某些计算机及其外围设备价格昂贵,采用计算机网络达到资源共享可以减少硬件设备的重复购置,从而提高设备的利用率;软件共享通过实现分布式的计算和存储方法，使软件的服务器端可供全网共享；用户数据也是一种非常有价值的资源，由于信息本身具有共享性，所以通过网络可以达到全网用户的共享，提高信息的利用率。

第二，可靠性高。建立计算机网络，可以大大提高系统的可靠性，这是因为计算机在单机运行时，不可避免地会产生故障，如果没有备用机，系统便无法继续开展正常的工作。而在计算机网络中，由于设备彼此相连，当一台机器出故障时，可以通过网络寻找到其他机器来代替本机工作。

第三，负载均衡。当网络中某一台机器的处理负担过重时，可以将其作业转移到其他空闲的机器上去执行，这样就可以减少用户信息在系统中的处理时间，平衡网络中各个机器的负担，提高系统的利用率，增加整个系统的可用性。

第四，分布式处理。在计算机网络中，可以将某些大型处理任务转化为多个小型任务并由网络中的各计算机分担处理。例如，用户可以根据任务的性质与要求，选择网络中最合适且又最经济的资源来处理。此外，利用网络技术还能够把许多小型机或微型机连接成具有高性能的计算机系统，使其具有解决复杂问题的能力，从而减少费用。

第五，数据传输。计算机网络为用户提供了通信的功能，利用网络，用户可以方便地实现远程文件和多媒体信息的传输，特别是在当今的信息化社会中，随着人们对信息的快速性、广泛性与多样性要求的不断提高，网络数据传输的这一功能显得越来越重要。例如，网上电子邮件、远程文件传输，网上综合信息服务以及电子商务等就是众所周知的例子。此外，利用计算机网络的数据传输功能，还可以对分散的对象进行实时的、集中的跟踪管理与监控。无论是企业办公自动化中的管理信息系统（MIS）、工厂自动化中的计算机集成制造系统（CIMS）、企业资源规划系统（ERP），还是政府部门的办公自动化系统（OAS），都是典型的对分散信息与对象进行集中控制与管理的实例。

实际上，从应用角度上看，计算机网络还有许多功能。特别是随着网络社会化、社会网络化程度的不断加深，人们对网络的功能与应用将会有更深和更广泛的认识。

二、计算机网络安全

由于计算机与网络技术的日益普及，现代网络技术以其开放性和共享性，给人类在信息的生产、加工、处理、储存、传输和使用上都带来了巨大的便利。但与许多其他科学技术一样，网络技术在给人们带来便利的同时也带来了一些严重的问题。恶意攻击、网上犯罪、网上钓鱼、网络病毒等无所不在，致使人们对来自网上的任何一则信息都持怀疑态度。网络安全已成为影响当代人类社会生活乃至一个国家生死存亡的关键因素之一。因此，对于每一个生存在当今信息时代的公民和集团而言，信息与网络安全知识是其保护个人或集团机密信息、自身利益和财产安全的必备知识。

网络安全的问题主要集中在网络系统中，是一个涉及面宽广而又错综复杂的问题。威胁信息安全的因素有很多，包括自然灾害、各种故障以及各种有意或无意的破坏等。为了确保信息系统的安全，需要从多方面着手，采取各种措施，比如物理措施、管理措施、技术措施、教育措施等。基于计算机与通信技术相结合的现代信息网络系统，是一种有着广泛应用的信息网络传输系统，其安全性非常重要，特别是以互联网为代表的计算机通信网络正在成为未来全球信息系统的最重要的基础设施，如果它的安全性得不到保障，将会直接影响国家安全和社会发展。

20 世纪 90 年代后，互联网完全融入社会应用和商业应用，商业应用的需要使人们很快就意识到忽视安全的严重性。尤其是在网上拥有利益的时代，一些违法行为向人们揭示了网络系统的脆弱性，导致人们对信息与网络安全空前重视。

网络安全是一门涉及计算机科学、网络技术、通信技术、密码技术、信息安全技术、应用数学、数论、信息论等学科的综合性学科。网络安全可看成多个安全单元的集合。其中，每个单元都是一个整体，包含了多个特性，具体如下：

第一，物理安全。保证计算机信息系统的各类设备的物理安全，是整个计算机信息系统安全的前提。物理安全是指保护计算机网络设备、设施及其他媒体免受环境事故，以及避免人为操作失误、错误或者各种计算机犯罪行为导致的破坏。

第二，网络运行及系统安全。网络运行安全是指进行网络环境搭建时需要时刻保证网络中数据安全和运行安全。为了能保证此类安全，一般采用的关键技术包括防火墙技术、入侵检测技术、数据加密技术、应急备份还原技术、网络协议分析等。操作系统安全是网络安全的基础，只有保证操作系统的安全，才能保证网络环境的安全，一般会对操作系统进行系统评级及安全加固，以进一步保障网络安全。

第三，应用服务安全。应用服务安全是指在使用各类应用程序时需要注意的安全问题。由于应用服务的种类较多，因此方法也是各不相同的，用户需要分析各类应用服务程序存在的安全问题，这样才能较好地保证应用程序安全。

第四，管理安全。管理安全是指需要加强人员的安全意识，并加强人员管理。网络安全除了使用各类安全技术来进行维护，还需要加强人员管理，因为人是所有事物的主体，是各类安全技术的实施者。不管采用的技术多么先进，如果进行人为的泄密或者破坏，那么所有其他的技术手段都将是徒劳的，因此在网络安全中对于人员的安全规范管理是至关重要的。

三、计算机网络信息安全技术

网络安全性隐患扫描也称为网络安全性漏洞扫描，它是进行网络安全性风险评估的一项重要技术，也是网络安全防护技术中的一项关键性技术。系统的安全弱点就是它安全防护最弱的部分，该部分容易被入侵者利用。找到弱点并加以保护是保护网络安全的重要使命之一。由于管理员需要面对大量的主机、网络、用户、设备、审计文件以及潜在的大量入侵行为和手段，安全性弱点和漏洞的发现与保护仅依靠人力是不能解决的，因此需要信息系统安全防护技术提供一种高效的网络安全性隐患扫描工具，通过它能发现网络系统的弱点，以便管理员能够迅速、有效地采取相应的措施。

（一）计算机防火墙技术

防火墙是设置在两个及两个以上的网络之间的安全阻隔，用于保证本地网络资源的安全，通常是包含软件部分和硬件部分的一个或多个系统的组合。它的基本工作原理是在可信任网络边界，也就是在内部和外部网络之间，建立起一个控制系统，将内部和外部的网络隔离开，因为通常认为外部网络是不安全的，建立控制系统后访问会受到控制，外部未授权的节点访问内部网络就会被拦截，也可以防止非法向外传递内部消息，保障内部网络的安全运行，使其不被非法或恶意的网络行为破坏。防火墙在逻辑上是分离器、限制器和分析器；在物理上，不同的防火墙的实现方式是多种多样的，一般由硬件和软件设施组合而成。防火墙主要有以下功能：

第一，控制不同网络间的访问，保障安全。防火墙可以根据相应的安全策略，检查网络之间的数据包和连接方式，并根据安全策略的规则对不同网络之间的通信采取相应的措施，可以选择通过、转发或者丢弃。

第二，将网络上的活动记录下来。所有进出内部网络的信息都躲不开防火墙，因此用防火墙收集各种网络信息十分便利。首先，它可以作为保障安全的场所，比如防火墙上有审计和报警功能；其次，也具有与安全无关的网络管理功能，比如记录流量情况、日志使用情况等。

第三，防火墙可以隔离网段，防止某些风险进一步扩散。它能够把网络中的一些网段隔离开，防止外部网络恶意行为影响内部网络的安全，也可以避免内部网络的安全问题进一步影响外部网络。

第四，防火墙具有抗攻击能力，不受外部攻击的影响。防火墙就像一个安全检查站，如果防火墙失去作用，那么内部和外部网络之间的安全性和通信就无法保障，因此防火墙本身要能够抵抗外部的各种攻击，具备安全操作系统的特征。

第五，综合运用各种安全措施，使用先进的信息安全技术。如采用现代密码技术、一次性口令系统、反欺骗技术等，可增强防火墙系统自身的抗攻击能力，另外还提高了防火墙系统实施安全策略的检查能力。

第六，人机界面良好，用户配置方便，易管理。防火墙不是解决所有安全问题的万能药方，它只是网络安全政策和策略中的一个组成部分。

（二）计算机防病毒技术

第一，对防病毒系统的管理。防病毒技术在下发防病毒服务器组内和不同客户端中主要负责防范病毒入侵，可以设定防病毒升级服务器，对服务器和客户端病毒代码进行实时更新，保证防病毒服务器的安全运行。

第二，防病毒系统的应用功能。负责为防病毒服务器的主机提供病毒防护，为防病毒服务器组内客户端进行病毒代码更新，采集防病毒服务器组内客户端及本机的运行日志；负责为客户端所在机器提供病毒防护功能；可以进行简单的客户端日志采集。

第三，防病毒系统的统计分析功能。进行客户端的日志采集并转发到服务器端，对采集回来的日志进行汇总分析，采取不同的分类方式进行查看，方便网络管理人员进行防病毒的策略调整。

（三）计算机入侵检测技术

1.入侵检测技术的内容

入侵检测技术的内容主要有信息收集、分析和响应三个部分。

第一，入侵检测系统可以对入侵的事件和入侵过程做出回应。如果能快速地检测出入侵行为，就可以及时将入侵者识别出来并将其驱逐出去，避免数据外泄和破坏。即使检测的速度比较慢，也可以发现入侵行为，减少入侵造成的破坏，尽快地恢复运行。

第二，入侵检测可以弥补防火墙的不足。入侵检测可以将入侵的行为和技术记录下来，有助于后期加强防御，提高安全性能。

第三，入侵检测也是系统动态安全的关键技术之一。静态安全防御无法满足安全需求，所以系统要根据发现的情况做出及时的调整，也就是动态安全防御。将静态防护转化为动态防护，最关键之处就是检测，它也是动态响应的依据，可以保障安全策略有力执行，因此入侵检测是系统动态安全最核心的技术之一。

2.入侵检测系统的类型

入侵检测系统（IDS）对各种事件进行分析，从中发现违反安全策略的行为，这是入侵检测系统的核心功能。检测主要判别这类特征是否会在将要收集到的数据中出现，或者将系统运行时的数值与所定义的"正常"情况进行比较，得出是否会被攻击的结论。入侵检测系统可以单台独立应用，也可以由多台入侵检测装置组成系统网络。根据收集的待分析信息的来源，入侵检测系统可分为以下三类：

①基于主机的入侵检测系统。这一入侵检测技术对特定主机上的行为进行分析，来检测是否有入侵行为，它的数据主要来源于系统和应用程序的审计日志，或系统的行为相关数据和受保护系统的文件系统。这些信息都要从监测的主机中来收集。这让入侵检测系统能够更加细致地分析主机行为，快速准确地识别出操作系统中存在恶意行为的用户。在保护重要的服务器、检查和监测可疑链接、阻止非法访问等方面都会用到入侵检测技术。有些基于主机的 IDS 通过将管理功能和攻击报告集中到一个单一的安全控制台上，简化了对一组主机的管理。还有一些 IDS 可以产生同网管系统兼容的消息。

②基于网络的入侵检测系统。该入侵检测技术主要用于收集网络系统中的信息流。它并不是检查和监测攻击行为对目标系统的影响，而是对网络行为和过程进行分析，以发现网络异常行为，找到攻击的一方，确保被保护网络的安全，及时检测出入侵事件。这类系统着重监视和检测网络活动，分析出网络攻击的意图和目标，预防可能发生的恶意攻击。基于网络的入侵检测系统一般通过在网络的数据链路层上进行监听来获得信息。以太网上的数据发送是采用广播方式进行的，而计算机的网卡通常有两种工作模式：一是正常的工作模式，只接收目的 IP 地址为本机地址的 IP 数据包；二是杂收模式，当网卡处于杂收

模式时，就能使一台主机忽略目的 IP 地址而接收同一广播网段上传送的所有 IP 数据包。

③基于应用的入侵检测系统。基于应用的入侵检测系统监控一个应用内发生的事件。通常情况下通过分析应用的日志文件检测攻击行为。由于可以直接接触应用并获悉重要的域或应用信息，因此基于应用的 IDS 可能对应用内部的可疑行为更具有洞察力。

基于应用的入侵检测系统的优点有：第一，基于应用的 IDS 有极细的粒度监测行为，因而可以通过未授权的行为跟踪到个别用户；第二，由于基于应用的 IDS 常与可能执行加密操作的应用接触，因此它们常运行在加密的环境中。

基于应用的入侵检测系统的缺点是，基于应用的 IDS 通常作为所监控主机上的一个应用而运行着，因此它们同基于主机的 IDS 相比更易受到攻击并失去作用。

第二节　大数据与物联网技术

一、大数据技术

随着时代的发展、科技的进步，人们的生活逐渐被计算机、互联网等一些数据化、信息化的技术所改变，而且其所带来的爆炸性的信息增长方式不仅引发了时代性的变革，也彻底影响了人们的生活。进入 21 世纪，互联网的边界和应用范围在移动互联、社交网络及电子商务的推动下不断扩大，同时物联网、车联网、医学影像、金融财政及电信通话等产生的大量数据使信息呈现出爆炸性增长的趋势，与此同时，数据信息迎来了大发展，并由此诞生了"大数据"这一概念。随着信息技术的不断发展，其几乎扩展到了所有的人类智力发展领域，并逐渐成为大数据时代的象征。

到目前为止，大数据并没有一个准确的定义，原因主要有两个：其一，随着科学技术的不断进步，象征着大数据标准的数据集也在不断发生变化；其二，受不同行业及其软件的影响，数据集表现出一定的差异性。因此，我们不能以一个特定的数据集来定义大数据，但是从宏观角度来说，可以将大数据归结为比传统数据库软件在获取、存储、管理和分析数据上更有优势的大规模数据集。

（一）大数据的产生背景

第三次信息化浪潮涌动，大数据时代全面开启。人类社会信息科技的发展为大数据时代的到来提供了技术支撑，而数据产生方式的变革是促进大数据时代到来至关重要的因素。

1.信息科技为大数据时代的发展提供技术

第一，存储设备容量不断增加。一般来说，数据被存储在磁盘、磁带、光盘、闪存等介质中。随着科学技术的不断进步，存储设备的制造工艺不断升级，容量大幅增加，速度不断提升，价格却在不断下降。

早期的存储设备容量小、价格高、体积大，如今的存储设备容量大、价格低、体积小，不仅提供了海量的存储空间，还大大降低了数据存储成本。

数据量和存储设备容量之间是相辅相成、互相促进的关系。一方面，随着数据的不断产生，需要存储的数据量不断增加，对存储设备的容量提出了更高的要求，促使存储设备生产商制造出容量更大的产品来满足市场需求；另一方面，容量更大的存储设备进一步提高了数据量增长的速度，在存储设备价格高昂的时代，由于考虑到成本问题，一些不必要或当前不能明显体现价值的数据往往会被丢弃。但是，随着单位存储空间价格的不断降低，人们开始重视把更多的数据保存起来，以期在未来某个时刻可以用更先进的数据分析工具从中挖掘价值。

第二，CPU（中央处理器）处理能力大幅提升。CPU 处理速度的不断提升也是促使数据量不断增加的重要因素。性能不断提升的 CPU，大大提高了处理数据的能力，使人们可以更快地处理不断累积的海量数据。从 20 世纪 80 年代至今，CPU 的制造工艺不断提升，晶体管数量不断增加，运行频率不断提高，核心数量逐渐增多，同时同等价格所能获得的 CPU，其处理能力也呈几何级数上升。

第三，网络带宽不断增加。进入 21 世纪，世界各国更是纷纷加大宽带网络建设力度，不断扩大网络覆盖范围，提高传输速度。与此同时，移动通信宽带网络迅速发展，4G 网络基本普及，5G 网络覆盖范围不断扩大，各种终端设备可以随时随地传输数据。5G 技术作为目前信息基础设施领域中最为先进的技术之一，给许多行业的发展带来了机遇，实现了经济和社会的再次飞跃。大数据时代，信息传输不再遭遇网络发展初期的限制因素。

2.数据产生方式的革新促成大数据时代的来临

数据是人们通过观察、实验或计算得出的结果。数据和信息是两个不同的概念，信息是较为宏观的概念，它由数据的有序排列组合而成，传达给读者某个概念方法等；而数据则是构成信息的基本单位，离散的数据没有任何实用价值。数据有很多种，比如数字、文字、图像和声音等。随着人类社会信息化进程的加快，在日常生产和生活中每天都会产生大量的数据，比如商业网站、政务系统、零售系统、办公系统、自动化生产系统等，每时每刻都在不断产生数据。

数据已经融入当今每一个行业和业务职能领域，成为重要的生产因素，从创新到所有决策，数据推动着企业的发展，并使各级组织的运营更为高效，可以这样说，数据成为每个企业获取核心竞争力的关键要素。数据资源已经和物质资源、人力资源一样成为国家的重要战略资源，影响着国家和社会的安全、稳定与发展。

数据产生方式的变革，是促成大数据时代来临的重要因素。总体而言，人类社会的数据产生方式大致经历了以下三个阶段：

第一，运营式系统阶段。人类社会最早大规模管理和使用数据，是从数据库的诞生开始的。大型零售超市销售系统、银行交易系统、股市交易系统、医院医疗系统、企业客户管理系统等大量运营式系统，都是建立在数据库基础之上的，数据库中保存了大量结构化的企业关键信息，用来满足企业各种业务需求。在这个阶段，数据的产生方式是被动的，只有当实际的企业业务发生时，才会产生新的记录并存入数据库。

第二，用户原创内容阶段。互联网的出现，使得数据传播更加快捷，不需要通过磁盘、磁带等物理存储介质传播数据，网页的出现进一步加速了大量网络内容的产生，从而使得人类社会数据量开始呈现"井喷式"增长。大量上网用户本身就是内容的生成者，尤其是随着移动互联网和智能手机终端的普及，人们更是可以随时随地使用手机发微博、传照片，数据量开始急剧增加。

第三，感知式系统阶段。物联网的发展最终导致了人类社会数据量的第三次跃升。物联网中包含大量传感器，如温度传感器、湿度传感器、压力传感器、位移传感器、光电传感器等。此外，视频监控摄像头也是物联网的重要组成部分。物联网中的这些设备，每时每刻都在自动产生大量数据，物联网中的自动数据产生方式，将在短时间内生成更密集、更大量的数据，使得人类社会迅速步入"大数据时代"。

（二）大数据的主要构成

大数据从最初的 ERP/CRM 数据，到互联网数据，再到物联网数据，不仅体现了大数据在信息量方面的激增，还反映了大数据在复杂性方面的提升，从这个层面来说，大数据实现了由量变到质变的飞跃。大数据的构成主要包括两部分：结构化信息和非结构化信息。其中，结构化信息主要指传统数据库中的数据形式，而非结构化信息则包括文本、视频等新兴的数据存储形式。

大数据是一种包含海量数据但又超越海量数据而存在的规模化数据库，也就是说，大数据不仅体现在数据的量方面，还体现在数据的复杂性方面。简而言之，大数据是一种囊括交易和交互数据集在内的所有数据集，其不仅突破了常用技术的数据处理上限，还体现出强大的信息捕捉、管理及处理能力。

海量交易数据、海量交互数据及海量数据处理是大数据的三大主要数据分支。

首先，海量交易数据主要指内部的经营交易类数据，主要包括联机交易数据和联机分析数据。从形态结构上划分，海量交易数据是一种结构化的，借助关系数据库以实现管理和分析的静态历史数据，也就是说，海量交易数据主要记录过去发生了什么。此外，海量交易数据一般存储于在线交易处理与分析系统中，其主要借助 ERP 应用程序及数据仓库应用程序来实现交易数据的正常运转，而且，随着互联网下的云模式启动，传统的关系数据信息仍在继续增长。

其次，作为一种新生力量的海量交互数据，其由呼叫详细记录、设备和传感器信息、GPS 和地理定位数据、科学信息及电子邮件等一些社交媒体数据构成。不同于海量交易数据，海量交互数据主要传达未来的信息。

最后，海量数据处理，通俗来讲，就是将收集到的客户端数据经过分布式数据库或分布式存储集群，以实现海量数据的查询、分类及汇总等，进而为用户提供数据分析服务，同时还可深度挖掘海量数据，以满足用户更高级别的数据分析需求。

（三）大数据的分析挖掘技术

大数据分析挖掘技术就是在改进原有技术的基础上，开发新的数据挖掘技术，包括数据网络挖掘、图挖掘及特异群组挖掘等，同时特定的数据连接及相似性连接也是大数据分析挖掘技术的重要内容，其旨在通过大数据挖掘技术来实现用户兴趣分析、网络行为分析及情感语义分析等。

大数据的分析方法在大数据领域尤为重要，这是因为在面对海量的数据信息时，如何对其进行分类、汇总，以供用户查询是大数据所面临的关键问题。而且在大数据日益增长的情况下，如何获取更多智能的、深入的、有价值的信息就显得格外重要。基于此，大数据分析就成了大数据中最重要的环节。与此同时，大数据在数量、速度及多样性等方面呈现出不断增长的复杂性，这也对大数据分析技术提出了更高的要求。具体来说，作为判断数据信息是否有价值的决定性因素，大数据分析方法主要包括以下五种：

第一，可视化分析。因可视化分析能直接呈现出大数据的特点，所以其不仅是大数据分析专家用来分析数据的有效手段，还是普通用户进行基础分析的基本方式。此外，可视化分析还可将大数据以简单明了的方式呈现出来，使读者在观看时如同看图说话一样方便快捷。

第二，数据挖掘算法。数据挖掘算法作为一种统计学家所公认的大数据分析方法，其不仅能深入数据内部，挖掘出具有价值信息的数据，还能提高数据处理及分析的速度和准确度，以在最短时间内得出结论，进而提高大数据的理论价值。此外，数据挖掘算法作为大数据分析理论的核心，其基于数据类型及数据格式而展示出了不同数据所具备的特点，以更好、更科学地对数据进行分类、汇总，进而满足不同用户的不同需求。

第三，预测性分析。预测性分析是大数据分析中比较重要的领域之一，其通过建模的形式，将大数据中隐藏的数据特点转化为一般的模型，进而通过新数据的输入以预测未来的数据。

第四，语义引擎。作为一套系统的分析、提炼数据的方式，语义引擎不仅能应对非结构化数据所带来的多元化挑战，还依靠人工智能实现了数据信息的主动提取功能。

第五，数据质量和数据管理。数据质量和数据管理是数据分析结果真实性和有效性的保证，因此大数据分析需要高质量的数据信息及有效的数据管理手段，以实现其在学术领域及商业应用领域的价值。

（四）大数据的高维特征处理

1.大数据分析挖掘过程

大数据分析挖掘过程就是从海量的、模糊的、随机的、有噪声的应用数据中提取出有价值的、人们事先不知道的数据信息的过程。由于大数据分析挖掘涉及多种技术方法，因此可从不同的角度将其划分为不同的种类。首先，就挖掘对象来说，可将其分为关系数据库、空间数据库、时态数据库、异质数据库、遗产数据库及多媒体数据库等；其次，就挖掘任务来说，其又分为数据总结、数据聚类、序列模式发现、关联规则发现、依赖关系发现、依赖模型发现、分类或预测模型发现等；最后，就挖掘方法来说，大数据分析挖掘技术中最常用、最有效的方法主要包括四种，即机器学习方法、神经网络方法、统计方法和数据库方法。其中，机器学习法又分为规则归纳法、遗传算法、基于范例的学习法等；而神经网络方法可细分为前向神经网络如 BP 算法、自组织神经网络如竞争学习法等。此外，统计方法中应用最多的是回归分析法、聚类分析法、探索性法、判别分析法（如著名的贝叶斯判别）等，而数据库方法主要是多维数据分析法及面向属性的归纳法等。从具体的过程来看，大数据分析挖掘技术主要包括数据预处理、数据建模及模型评价等过程。

大数据分析挖掘过程是指从数据集到数据预处理，再到数据建模，最后进行模型评价的过程。首先，数据集是数据的存储形式，具体来说，数据库、云端、数据流是大数据存储的三种主要形式；其次，数据预处理指对噪声数据、模糊数据进行筛选，以消除数据噪声，降低数据模糊性，进而提高大数据的质量，其中数据清理、数据降维及数据集成是数据预处理常用的几种方法；再次，数据建模主要是指数据提取的模式，其可通过间接性的近似汇总，以完成对数据的建模，同时也可通过抽取突出特征以聚类的形式实现对数据的建模，在四个环节中，数据建模过程是大数据分析挖掘的核心环节；最后，模型评价也就是对所建立的模型进行测试，以给出相应的评价。

大数据分析挖掘技术具有非常重要的理论研究意义，其不仅能为人们提供潜在的、有价值的数据信息，还推动了相关领域的飞速发展，如金融领域、零售和电信领域、社会和信息网络大数据分析挖掘领域及科学与工程领域等。大数据分析挖掘技术对大量数据进行分析、筛选，以挖掘出人们事先未知的、但又有潜在价值的信息，进而发现数据的本质特征和本质联系，以为不同领域的发展提供新思路、新观点。

作为一个动态的、强势扩张的领域，大数据分析挖掘技术的应用十分广泛，而且很多学者也就大数据分析挖掘方法进行了深入研究，以更好地发挥大数据分析挖掘技术的作用。具体来说，在进行深入研究时，可从三个方面入手：一是改善数据处理的不确定性及高维性，集中存储的数据一般都具有高维性和不确定性等特点，而大数据分析挖掘技术的最终目的就是实现数据的清理和数据的降维；二是挖掘新的知识类型，对大数据来说，由于其应用的多样性，我们可以利用不同的大数据分析挖掘方法以实现对数据的不同聚类、汇总等；三是从多维度挖掘数据信息，对数据来说，其存在不同抽象层的多维属性，可利用大数据分析挖掘技术以不同的属性组合挖掘出不同的数据模式。

此外，大数据分析挖掘技术的研究还包括模式评估、结果表示及可视化研究等。机器学习及统计学知识与大数据分析的融合不仅可提高大数据分析挖掘的能力，还可应对爆炸式增长和高维数据对大数据分析挖掘技术提出的挑战，在此情况下，必须通过改进大数据分析挖掘技术以实现对数据的有效降维和精准分类。

高维数据的不断增长导致低维空间的概念不复存在，但是从本质上来说，高维数据的维数往往小于原始数据的维数，因此便可利用大数据分析挖掘技术来降低高维数据的维度，也就是说通过降低高维数据的相关性维度以在低维空间中进行处理。

2.大数据的维数

随着高维度数据的不断扩增，其能带给我们的价值信息也在增长，但是并不是说数据的维度越高，其蕴含的信息就越多，当数据的维度从低维向高维发展时，起初的数据分类效率会随之增加，但是当数据维度超过一定范围时，数据的分类效率反而会随着维数的增长而下降，这是因为当数据维度过高时，其中含杂的无关项、冗余项及干扰项也就越多，进而影响了数据分类的效率。我们平常所说的"维数灾难""数据爆炸"等就是因为数据的维度过高而降低了数据分类效率，所以在处理数据时，剔除高维度数据中的无关项、降低数据维度便成了关键环节。

高维度数据因其过多的冗余项和干扰项，不仅给数据分类算法带来了阻碍，还引发了分类过拟合的风险。此外，高维度数据的不相关和冗余特征也减缓了学习进程，造成资源的浪费，同时对机器学习算法也产生了负面影响。基于此，可以就大数据分析挖掘、计算机学习算法及模式识别展开研究，以改进数据处理、分类及聚类的方法。虽然研究团队在各自的研究领域有着不同的研究课题和研究方向，但是其最终的目的都是要通过数据处理手段以在原始样本的基础上预测出可用的数据模型，进而从海量的数据信息中挖掘出有效的信息以供使用者使用。由此看来，数据分类在数据处理的过程中是尤为重要的，其凭借着自身强大的功能实现了大规模数据的模式分类。总的来说，在面对庞大的样本数和高维度数据时，维数约简就成为数据处理过程中的关键环节。

作为模式分类的预处理环节，维数约简有着极其重要的作用，具体来说体现在三个方面：首先，维数约简的过程就是对数据不相关项及干扰项的剔除过程，经过维数约简，一方面使模式语言更加简练，另一方面又提高了分类器的学习算法效率；其次，高维数据在经过约简后，其数据特征变得更加突出，这在一定程度上缩减了输入模式中数据的特征数目，进而降低了特征空间维度和分类学习模型中学习算法的复杂度，在缩短学习时间的基础上还提高了训练速度；最后，维数约简不仅降低了分类模型的训练样本个数，提高了学习算法的准确率，还保证了分类模型预测的有效性，在不影响样本数量存储的基础上降低了数据的存储成本。

二、物联网技术

（一）物联网的背景

物联网的出现改变了人们的思维习惯和生活方式。传统的思维认为车站、公路、机场等物理基础设施和计算机、宽带、数据中心等 IT 基础设施是相互独立的，但随着物联网的出现，物理基础设施和 IT 基础设施逐渐形成一个整体，成为统一的基础设施。

物联网的定义体现在字面意思中，"物"即物体、物品，"网"指网络，"联"指关联、联系，将这些含义组合起来可以得到物联网的初步定义，即通过类似网状的形式将各个物体联系起来的一种体系结构。这种网状结构和互联网差不多，只是互联网指的是人与人之间的联系，而物联网则将物与物联系起来，它的主要目的是进行信息交换与通信。

任何事物之间都具有联系，互联网和物联网是相互依存、相互联系的。物联网以互联网为基础，没有互联网，物联网的概念就像无源之水。

（二）物联网的原理

人们对互联网的相关概念早已耳熟能详，互联网通过计算机信息技术将两个或多个计算机终端、客户端和服务器互连。通过互联网，人们可以一起工作，甚至可以在数千里之外进行聊天、视频通话、发送电子邮件和娱乐。互联网将世界各地的人连接起来，打破了人与人之间的时空限制。物联网更进一步，不仅可以连接人，还可以连接物，互联网构建了虚拟的网络世界，而物联网则连接了真实的物理世界。互联网是物联网的基础，物联网是互联网的延伸和发展，因为物联网中的信息传播需要通过互联网进行。物联网将用户端延伸到了物与物、人与物之间。

从连接的角度来看，物联网中的对象或人具有与当前互联网访问地址相似的唯一网络通信协议地址。泛在网是物联网发展的高级阶段，是物联网发展的最高目标，它代表了未来网络发展的趋势和方向。泛在网可以支持人对人、人对物（例如设备和机器）以及物对物的通信。泛在网意味着通过服务订阅，个人通过设备可以在最小的技术限制下随时随地以任何方式访问服务和通信系统化。简而言之，泛在网是无处不在且全面的网络，其中包括各种应用程序，以支持随时随地的人与物之间的通信。

（三）物联网的特征

物联网是在互联网的基础上建立和发展的，其运行离不开互联网。但是物联网和互联网又有许多明显的区别，从网络的角度来看，物联网主要有以下三个特征：

第一，互联网特征。互联网为物联网中的各个设备之间的通信提供网络基础，实现了物联网间的信息传递。物联网中存在大量的传感器，传感器收集到的信息需要通过互联网传输，物联网的重要特征就是"物品触网"，通过对互联网各种协议的支持，来保证信息传输的可靠性。

第二，识别与通信特征。物联网中的传感器种类和功能各不相同，所收集到的信息囊括了生活的方方面面，这些信息具有时效性，因此要对信息不断进行刷新。这些传感器将物理世界信息化，将分离的物理世界和信息世界高度地融合在一起。

第三，智能化特征。物联网不是单纯地收集信息，而是根据信息对相关的设备实现智能化的自动控制。物联网以收集到的信息为基础，对这些信息进行处理和计算，并利用各种关键技术，实现相关的操作和管理，进而满足不同用户的各种需求。物联网使得自动化的智能控制技术深入生活中的各个领域。

（四）物联网的发展

尽管物联网的发展面临着诸多困难与挑战，但在国家大力推动信息融合与工业化的支持下，物联网技术将是各行各业信息化和国家工业化过程中一个重要的突破口。物联网是促进经济发展的众多新兴因素中最有潜力的一个，发展好物联网，不仅能推动现有经济产业的转型和发展，还可以引领未来产业，促进战略性新兴产业的进步，实现社会产业和经济增长模式的变革。目前，射频识别技术（RFID）已经在一些领域进行了试验性应用，在这些应用中，有些物联网的功能已经实现了。

目前，绿色环保、低碳经济等已经成为全球关注的热点话题。近年来，海洋石油污染现象以及我们身边随处可见的雾霾现象已经严重影响了人类的生存环境，因此改变经济发展模式已经迫在眉睫。随着技术的改革创新，物联网技术成为实现低碳经济的重要途径。物联网技术带来的经济效益主要体现在生产、销售和投资等领域，这些都是可以直接观测到的。但物联网对于环境所产生的经济利益无法通过货币形式直接估量，带来的影响也难以预计。虽然有诸多现实问题，但是物联网技术仍然是发展低碳经济的重要手段，主要表现在以下方面：

第一，信息获取量扩大，物联网技术扩大了人们获取信息的途径和范围，降低了获取信息和信息传递的成本，这有利于促进观测物质世界的方式不断完善和改变。

第二，可以实现无人远程控制，加强对人类社会的智能管理，节省设备和人力等固定资本的投入。此外，智能化管理可以提升决策的准确性，实现节能减排，避免资源浪费。例如，物联网技术应用于智能交通系统，可以减少油耗和汽车尾气排放，实现低碳经济。

目前，物联网技术已经在世界多个国家有了很大发展，并被认为是解决金融危机的有效手段。在一些发展中国家，物联网产业还不发达，在核心技术方面同发达国家相比有较大的差距，因此很大程度上限制了这些国家物联网技术的发展和普及。目前，我国物联网产业的发展目标是实现关键技术突破，进行试点应用。物联网产业发展迅速，在未来有着广阔的应用场景。现在物联网技术已经在交通、农业、家居、环境监测、物流管理、企业管理等领域有了一定的技术积累，带来了爆发性的利润增长点。

从我国物联网产业发展形势可以看出，我国政府对物联网技术的发展十分重视。随着科技的不断进步，物联网技术的优势逐渐显露出来，越来越多的国家认识到了物联网的重要性，并将其广泛应用在未来的科技行业中。在物联网未来发展的过程中，物联网的标准体系将会随着物联网的发展需要、市场对物联网的需求、政策性引导等因素的约束而出现标准的衍生与变化。这带来的是物联网核心竞争力与市场适应力的不断发展与提升。物联网的相关标准将会成为人们广泛接受的一种行业规定。

在我国，物联网的应用已经渗透到生活的各个方面，对经济的高质量发展产生了重要影响。在农业方面，农业物联网技术包括了智能农业和精细农业等，从生产到销售的整个环节，完整地构成了农业物联网的体系架构。

总之，物联网技术将会成为社会经济快速发展的有力推手。目前，我国物联网产业的发展正在稳步推进中，虽然取得了一些成果，但也面临着很多挑战和问题，如物联网的技术不够成熟、物联网发展规划不清晰等。只有合理解决这些问题，才能让物联网技术为我国社会、经济的发展更好地提供支持和服务，并且促进和完善我国物联网的全局性、科技性布置，最终实现我国物联网的可持续与快速发展。

第三节　人工智能技术

智能是指学习、理解并用逻辑方法思考问题，以及应对新环境或者困难环境的能力。智能的要素包括适应环境，适应偶然性事件，能分辨模糊的或矛盾的信息，在孤立的情况中找出相似性，产生新概念和新思想。

自然智能是指人类和一些动物所具有的智力和行为能力。人类智能是由许多各有自己本质特点和运作机理的智能个例或样式组成的有"家庭相似性"的大杂烩。每个智能都是由一定生物模式所实现的功能模块，它们集合在一起可形成不同层次的复合能力。人类智能表现为有目的的行为、合理的思维，以及有效地适应环境的综合性能力。智力是获取知识并运用知识解决问题的能力，能力则指完成一项目标或者任务所体现出来的素质。

人工智能是相对于人的自然智能而言的，即"人造智能"，指用人工的方法和技术在计算机上实现智能，以模拟、延伸和扩展人类的智能。由于人工智能是在机器上实现的，所以又称机器智能。人工智能包括有规律的智能行为。有规律的智能行为是计算机能解决的，而无规律的智能行为，如洞察力、创造力等，计算机目前还不能完全解决。

一、人工智能学科的框架

第一，人工智能理论基础。任何一门正规的学科，都必须有一套完整的理论体系做支撑，对人工智能学科而言也是如此。到目前为止，人工智能学科初步形成一个相对完整的理论体系，为整个学科研究奠定基础。人工智能基础理论主要研究的是用"模拟"人类智能的方法所建立的一般性理论。

第二，人工智能应用技术。人工智能是一门应用性学科，在其基础理论支持下与各应用领域相结合进行研究，产生多个应用领域的技术，它们是人工智能学科的下属分支学科。目前，这种与应用领域相关的分支学科随着人工智能的发展而不断增加。人工智能应用性技术研究的是用"模拟"人类智能的方法与各应用领域相融合所建立的理论。

第三，人工智能的计算机应用开发。人工智能是一门用计算机模拟人脑的学科，因此在人工智能技术的下层应用领域中，最终均须用计算机技术实施应用开发，用一个具有智能能力的计算机系统来模拟应用领域中的一定智能活动。大数据与人工智能都是现代信息技术的主要分支，已被广泛应用到人们的生产生活当中，尤其是在工业生产领域，基于大数据和人工智能的生产技术优化与生产模式完善都十分常见。

人工智能学科体系的三个部分是按层次相互依赖的。其中基础理论是整个体系的底层，而应用技术则是以基础理论为支撑，建立在各应用领域上的技术体系。最后以上面两层技术与理论为基础，以现代计算机技术为手段构建起一个能模拟应用中智能活动的计算机系统作为其最终目标。

二、人工智能的基础理论

人工智能的基础理论分两个层次：第一层次是人工智能的基本概念、研究对象、研究方法及学科体系；第二层次是基于知识的研究。第二层次是基础理论中的主要内容，包括以下内容：

第一，知识与知识表示。人工智能研究的基本对象是知识，它所研究的内容是以知识为核心的，包括知识表示、知识组织管理、知识获取等。在人工智能中知识因不同应用环境而有不同表示形式，目前常用的就有十余种，其中最常见的有谓词逻辑表示、状态空间表示、产生式表示、语义网络表示、框架表示、黑板表示以及本体与知识图谱表示等。

第二，知识组织管理。知识组织管理就是知识库，它是存储知识的实体，具有知识增、删、改，以及知识查询、知识获取（如推理）等管理功能，此外还具有知识控制功能，包括保障知识完整性、安全性及故障恢复功能等管理能力。知识库按知识表示的不同形式管理，即一个知识库中所管理的知识的表示形式只有一种。

第三，知识推理。人工智能研究的核心内容之一是知识推理。此中的推理指的是一般性的知识通过它而获得个别知识的过程，这种推理称为演绎性推理。这是符号主义学派所研究的主要内容。知识推理有多种不同的方法，各个方法因不同的知识表示而有所不同，常用的有基于状态空间的搜索策略方法、基于谓词逻辑的推理方法等。

第四，知识发现。人工智能研究的另一个核心内容是知识归纳，又称知识发现或归纳性推理。此中的归纳指的是多个个别知识通过它而获得一般性知识的过程，这种推理称为归纳性推理。这是连接主义学派所研究的主要内容。知识归纳有多种不同方法，常用的有人工神经网络方法、决策树方法、关联规则方法以及聚类分析方法等。

第五，智能活动。智能活动是行为主义学派所研究的主要内容。一个智能体的活动必定受环境中感知器的影响，活动产生的结果通过执行器对环境产生作用。

三、人工智能的应用领域分支

在人工智能学科中，有很多以应用领域为背景的学科分支，对它们的研究是以基础理论为手段、以领域知识为对象的，通过两者的融合最终达到应用的目的。

目前这种学科分支的内容有很多个，并且还在不断发展中，下面列举几个较为热门的应用领域分支：

（一）机器博弈

机器博弈分人机博弈、机机博弈以及单体、双体、多体等形式的博弈。其内容包含传统的博弈内容，如棋类博弈，从原始的五子棋、跳棋到中国象棋、国际象棋及围棋等；如球类博弈，从排球、篮球到足球等。还包括现代的多种博弈性游戏，以及带有风险的彩票、炒股、炒汇等博弈活动。

机器博弈是智能性极高的活动，机器博弈的水平是人工智能水平的主要标志，对它的研究能带动人工智能多个领域的发展。因此，目前国际上各大知名公司都致力于机器博弈的研究与开发。

（二）声音、文字与图像识别

人类通过五官及其他感觉器官接收与识别外界多种信息，如听觉、视觉、嗅觉、触觉、味觉等，其中听觉与视觉占到所有获取到的信息的90%以上。具体表现为对文字、声音、图形、图像以及人体、物体等的识别。模式识别指的是利用计算机模拟对人的各种识别的能力。目前主要的模式识别如下：

声音识别：包括语音、音乐及外界其他声音的识别。

文字识别：包括联机手写文字识别、光学字符识别等。

图像识别：包括指纹识别、个人签名识别以及印章识别等。

（三）知识工程与专家系统

知识工程与专家系统是用计算机系统模拟各类专家的智能活动，从而达到用计算机取代专家的目的。其中，知识工程是计算机模拟专家的应用性理论，专家系统则是在知识工程的理论指导下实现具有某些专家能力的计算机系统。

（四）智能机器人

智能机器人一般分为工业机器人与智能机器人，在人工智能中一般指的是智能机器人。这种机器人是一种类人的机器，它不一定具有人的外形，但一定具有人的基本功能，如人的感知功能、人脑的处理能力以及人的执行能力。这种机器人是由包括计算机在内的机电部件与设备组成的。

（五）智能决策支持系统

政府、单位与个人经常会碰到一些重大事件，并需做出决断，这就是决策，如某公司对某项目投资的决策，政府对某项军事行动的决策，个人对高考填报志愿的决策等。决策是一项高智能活动，智能决策支持系统是一个计算机系统，它能模拟与协助人类的决策过程，使决策更为科学、合理。

（六）计算机视觉

由于人类通过视觉从外界获取的信息最多，因此对人类视觉的研究特别重要，在人工智能中称为计算机视觉。计算机视觉研究的是用计算机模拟人类视觉功能，用以描述、存储、识别、处理人类所能见到的外部世界的人物与事物，包括静态的与动态的、二维的与三维的。最常见的有人脸识别、卫星图像分析与识别、医学图像分析与识别以及图像重建等。

第四节　虚拟现实技术

"虚拟现实"通常被用作各种沉浸式体验的总称，包括许多相关的概念，如"增强现实（AR）""混合现实（MR）"和"扩展现实（XR）"。但此处的虚拟现实，通常指的是沉浸式计算机模拟现实，它创造了一个虚拟的现实环境。虽然数字环境既可以基于真实的地点创建（如珠穆朗玛峰顶），又可以基于想象的地点设计（如水下城市亚特兰蒂斯），但它们依然存在于我们的现实世界之外。

一、虚拟现实的动态模型与交互

一个虚拟现实应用通常由一组进程组成，进程之间的通信称为进程间通信（IPC）。在解耦仿真模型中，每个进程都持续运行，使用异步消息完成任务。一个中央应用进程负责管理虚拟世界中的模型，根据读入数据模拟相应事件的演变过程；另一个进程负责以特定的频率从输入设备或传感器读入数据。而系统通过其他输出设备给予用户反馈。视觉反馈以工作站图形的实时绘制来表示。听觉反馈则通过音乐设备数字接口输出或播放预录制的声音。

系统中最复杂的组件就是应用进程。当进程遇到异步事件后，必须连贯一致地将虚拟世界模型从一个状态过渡到另一个状态，并触发适当的视觉和听觉反馈。在交互过程中，用户是信息源，持续不断地通过输入设备传感器操作模型。在传感器和模型之间还可以插入多个中间级，根据互动隐喻传输信息。

（一）虚拟现实的动态模型

为了获得动画或行为互动效果，系统必须对计时器或跟踪器等异步输入设备做出必要的反应和更新。应用可以被看作由一组相关物体组成的网络，每个物体的行为都是对其所依赖物体变化的一种特定反应。

为了实现上述动画或行为效果，必须提供一种维持机制，它既能普遍描述物体之间的关联，又能有效地被用在高度交互响应系统中。系统的状态和行为还可以通过以下三种元素表示：

第一，主动变量。主动变量是用来存储系统状态的基本元素。一个主动变量保存系统状态值，并跟踪系统改变状态值。根据需求一个主动变量还可以记录系统状态的历史。主动变量的好处在于能够给依赖时间的行为以约束，或是支持参考系统状态的历史守护进程。

第二，分层约束。约束对象主要由声明部分和强制部分组成。声明部分定义了关系的类型、需要维护的关系以及变量集合。强制部分则定义了维护约束所需的一系列可能的方法。

第三，守护进程。守护进程依照次序规则允许或拒绝系统在不同状态之间转换。守护进程和一组主动变量注册在一起，并在这些变量发生变化时被唤醒，它可以创造新对象、输入输出操作、改变主动变量值、改变约束图，以及唤醒或撤销其他守护进程。守护进程是串行执行，对约束图的操作都会增加系统全局时间。

（二）虚拟现实的动态交互

动画和行为交互可以被看作同一个问题，因为它们都涉及动态图形。可通过绘制动态变化变量，解析输入数据、动画脚本或是模型变量，完成时变行为。对于交互式应用，这种方法十分关键，因为它定义了用户如何与计算机交流。理想的交互式三维系统应该允许用户像与真实世界打交道那样与虚拟世界交流，使交互工作更自然且不需要受额外训练。

1.传感器测量值与行为映射

在大多数典型交互应用中，用户大多数时间在输入信息，他们使用多种输入设备，如三维鼠标和数据手套，利用这些设备与虚拟世界交互。利用这些设备，用户必须提供高速复杂的信息流，这些从设备传感器上获取的信息还必须映射为虚拟世界中的行为。大多数情况下，这种映射都是已经编码好的，且与使用设备的物理结构有关。这类行为是通过在与传感器相关的主动变量和模型动态变量上直接加约束实现的。模型交互刚开始，输入传感器变量和模型接口上的主动变量被激活。

2.手部姿势识别

手部输入是以一个单独的课题而被提出和研究的。如今在许多虚拟现实系统中使用各种各样的手势识别。手势识别系统必须根据之前的手势样例对手的运动和位置分类。一旦手势被归类，就可以提取其要表达的信息，执行相应的虚拟世界行为。一个单独的手势以一种自然的方式对外表达了分类和参数信息。为了帮助用户理解系统行为，通常在姿势识别之后系统会反馈视觉或听觉信号。

手势的识别主要有两个分支——姿态识别和路径识别。姿态识别用来不断地探测用户手指的状态。一旦识别出一种，只要维持这个姿势，相同的数据就会一直持续，之后数据被输入路径识别子系统中。手势因此会被理解成手的一条路径，尽管在此期间手指并没有动。

可以使用自然物理张力区分基本的手势：用户刚开始处于放松状态，当要开始交互的时候，用户会提升自己的注意力并收紧某些部位的肌肉，之后执行交互，继而再回到肌肉放松的状态。在一些识别系统中，交互始于将手定位在某个固定的姿态，手指松开则表示结束。使用这种方式的好处在于姿态是相对静止的，在交互学习的时候可以明确告诉计算机在何种情况下采样，因而更加稳定。一旦姿态学习完毕，将姿态分类到正确的归类中去，就可用相同的交互方式学习路径。

3.身体姿势识别

大多数姿势识别系统将工作区域限定在特定的身体部位上，如手、胳臂或脸部表情。然而将参与者映射到虚拟世界中并与虚拟人物互动时，最方便也最直观的是使用面向身体的行为识别。

目前有两种已知的实时捕捉人体姿势数据的技术：第一种是使用摄像设备，录制常规或红外图像。如果系统支持无线，还必须克服摄像机的视角限制，其性能表现就完全依赖视觉信息提取模块。第二种技术则依赖附着于用户身上的磁感应器。系统利用传感器测定在某一参考点的磁场强度，跟踪身体各部位的运动。在单一框架系统中，这些传感器只产生原始数据（位置和朝向）等。为了和虚拟人物的躯干关节匹配，需要计算出人体躯干的全局位置和关节处的弯曲角度。结构转换器能够从传感器数据中得到弯曲角度，并推断出连接点的拓扑结构（虚拟人体骨架）。

基于细粒度原型的人体运动分层模型能够同时识别并发性行为。通过分析人体运动，它能检测出三种用于粒度规格运动模型分析的重要特征。首先，一种运动不总是引发全身活动，有时只是身体的某些部位在活动；其次，只要运动的身体部位没有重复，两种不同的运动可能同时发生；最后，通过观察身体部位的方位而不是关节点的运动就能识别人体运动。

基于以上三点，可以提出由上到下逐步加精的运动模型。在顶层，模型的粒度较粗，而在底层，模型的粒度较精致。模型层次的多少与使用的特征信息有关。在较低层，作者使用骨架自由度，这种特征信息通常比较精细（30～100个标准人体模型）。在较高层次，则使用质心或躯体末端（手、脚、头、脊柱顶端）等身体位置信息。

4.虚拟工具

面向对象的虚拟工具能够实现应用对象的可视化或信息控制和显示。可视化能在用户操作的同时，给予其视觉语义反馈。用户将模型与工具绑定，之后就能使用该工具操作模型，直到他取消绑定为止。在绑定的时候，工具先判定能否操作该模型，接着识别用于激活绑定约束的主动变量。绑定约束一旦被激活，就可以开始操作模型了。绑定约束通常是双向的，有时候工具还必须反映模型被其他对象修改时的表现信息。取消绑定能够将模型和控制对象分离开来。其效果是撤销绑定约束、抑制工具和模型之间相互依赖的主动变量。一旦模型被取消绑定，工具将无法控制该模型。

二、虚拟现实的控制装置

虚拟体验的用户早就发现，虽然视觉效果非常重要，但如果没有匹配的信号输入手段，体验质量就会迅速下降。最初，用户完全沉浸在虚拟现实体验的视觉效果中，然而一旦他们试图移动自己的手和脚，发现这些动作没有反映在虚拟世界中，沉浸感就会消失。

（一）注视控制

注视控制可以用于任何一种 VR 应用程序，是 VR 互动中很常见的手段，尤其是那种让用户多以被动方式互动的应用程序。注视控制技术的应用领域不仅仅是被动式互动。"注视"与其他互动手段（如硬件按钮或控制器）结合，也常在 VR 环境中用于触发互动。随着眼动跟踪技术越来越流行，注视控制可能会发挥更大的作用。注视控制器对用户注视的方向实施监控，通常内置十字线（也叫"瞄准线"）和计时器。要选取某个道具或触发某项操作，用户只需注视一定的秒数。注视控制也可以与其他输入方法结合使用，以实现更深层次的互动。

VR 中的十字线可以是任何形式的图案，用来标示用户的注视对象。在不含眼球追踪功能的头显（头戴式显示设备）中，十字线通常就是用户视域的中心。在大多数情况下，十字线就是一个简单的点或十字准星，层级位于所有元素之上，用户无论做什么选择，都很容易看见。在头显中集成更复杂的眼动跟踪技术成为主流之前，这种位于视域中心的十字线给我们带来了一种简单的解决方案。

（二）眼动跟踪

眼动跟踪有可能为用户带来更直观的 VR 体验。市售的第一代头显（FOVE 的这一类型除外）大都只能判断用户头部朝哪个方向转，判断不了用户是不是真的朝那个方向看。

大多数头显使用位于用户视野中间的十字准线来告诉用户，它是视线的焦点。然而，在现实世界中，人们的注意力不一定就在焦点上。即使当我们直视眼前的电脑屏幕时，我们的眼睛也经常在屏幕的底部和顶部之间移动，这样我们就可以选择菜单。

眼动跟踪的另一个好处是能够给应用程序增加焦点渲染功能。焦点渲染的意思是只有用户直接注视的区域才会进行完整渲染，其他区域在渲染时会降低图像质量。当前的头显自始至终都在完整渲染全部可视区域，因为它们不"知道"用户实际上在盯着什么看。而焦点渲染技术一次只渲染一小块区域。这就降低了渲染复杂 VR 环境所需的工作量，从而使低功率计算机或移动设备能够营造复杂的体验效果，使 VR 能够走近更多的人。

（三）手部跟踪

手部跟踪技术的意思是，在无须给双手佩戴额外硬件的情况下，使头显能够捕捉用户的手部动作。运动控制器在 VR 世界中看到的形象通常是控制器、"魔杖"、虚拟"假"手或类似的造型，而手部跟踪技术可以将手的形象直接带入虚拟空间。

手部跟踪技术与运动控制器不同，手部跟踪在虚拟空间中的互动能力在某种程度上是有限的。运动控制器可以实现很多种硬件互动。它的各种硬件，如按钮、触控板、触发器等都可以触发虚拟世界中的不同事件，仅凭手部跟踪技术可实现不了这么多功能。利用手部跟踪作为主要互动方法的应用程序可能需要解决多种场景下的输入问题。如果只靠手部来输入，那么工作量会很大。

（四）键盘和鼠标控制

有些 VR 头显在互动时使用了非标准的特制键盘和鼠标，但这种方法是有问题的，因为玩家根本无法在装置内部看到键盘。即便是打字最快的人，在看不到键盘的时候，也会束手无策。鼠标同样如此。在标准的 2D 数字世界中，如台式计算机，鼠标一直都是"浏览周边环境"的标准工具。但在 3D 世界里，应该用头显的"注视"功能来控制用户的视界。在一些早期的应用中，鼠标和注视控制系统都可以改变用户的视线，这样的设置可能会造成冲突，因为鼠标拖动的视线完全有可能与注视控制系统相反。

尽管有些 VR 应用程序支持使用键盘和鼠标，但随着一体式输入解决方案成为主流，这两种输入方法都已经过时了。当然，这些新型一体式解决方案也有自己的问题。如果键盘不再作为主输入设备，那么长格式文本就无法输入应用程序。为了解决这个问题，人们又提出了很多不同类型的控制方法。罗技公司研制了一种尚处于概念验证阶段的 VR 配件，能让 HTC Vive 的用户在虚拟世界里看到真实键盘的影像。它将一种跟踪装置连接到键盘上，然后在 VR 空间中建立起键盘的 3D 模型，叠加在真实键盘所处的位置上，这种解决办法很有意思，也确实能够帮助玩家录入文字。

全数字的文字录入办法其实也有，如"敲打式键盘"，作为一种联想输入式键盘，用户可以使用运动控制器作为鼓槌，敲打就是录入。

（五）运动控制

在 2D 的 PC 游戏时代，运动控制器曾被当成某种噱头，如今已成为 VR 互动的行业标准设备。几乎所有的大型头显厂商都发布了与自家装置兼容的整套运动控制器。

许多高端 VR 控制器甚至具备"六自由度"移动能力，能带来更深入的沉浸感。"六自由度"指某个物体在三维空间中随意移动的能力。在 VR 领域，这个术语一般是指前后、上下、左右各个方向的移动能力，而且这个移动能力既包括方向上的（旋转），又包括位置上的（平移）。"六自由度"使得控制器可以在 VR 空间中对自身在真实空间中的位置和旋转角度实现逼真的跟踪。

不仅是高端产品，就连第一代的中端移动型头显同样有自己的运动控制器。当然，与高端系列相比，它们的运动控制器并不算什么，通常就是一些具有不同功能的单个控制器（触摸板、音量控制、后退/主页按钮等）而已。由于控制器在虚拟世界中以某种形式才能看得见，所以用户可以"看到"他的手在现实世界中的动作。与高端产品不同，中端的运动控制器通常只具备"三自由度"的运动能力（只能追踪它们在虚拟世界中的旋转角度）。

当然，就算这些中端产品的控制器不如高端系列复杂，只能简单地用单手控制，但也可以给用户带来更好的 VR 体验。能够在虚拟空间中"看到"控制器并能跟踪其在真实空间中的移动轨迹，不仅是让用户在虚拟世界中获得沉浸感的一个重要步骤，还是将用户在真实世界的动作导入虚拟空间的一个重要步骤。虽然不同的运动控制器之间有一些细微的差别，但它们总体上还是有很多相似的特点。

（六）一体式触摸板

一体式触摸板可实现更好的互动效果，触摸板使用户可以根据需要水平或垂直滑动，点取道具、调节音量和退出。如果用户一时找不到设备的运动控制器，触摸板还可以当作备用控制方法使用。但是一体式控制解决方案有一个缺点，那就是需要以某种方式与设备建立通信。例如，采用一体式硬件控制方式的移动 VR 头显可能需要通过接口与移动设备连接。此外，由于触摸板可能无法以自然的方式融入虚拟世界（模拟虚拟世界中的控制器），因此会大大降低用户体验的真实感。

第三章　智慧体育运动场所的建设研究

第一节　智慧体育公园的特性及其发展

　　智慧体育不是空中楼阁，需要运动场所的支持。这些运动场所既需要满足体育运动开展的要求，又要满足用户日趋多样的价值诉求；既包括对自身建筑功能的改造，又包括对系统功能的改造，甚至演变出多个形式，以适应体育发展的需要。事实上，智慧体育建设离不开运动场所的智慧化。

　　近年来，经济高质量发展，城市居民收入水平大幅度提高，人们的闲暇时间增多，许多居民开始将体育健身作为假日休闲娱乐的首选。随着大众体育的快速发展，体育运动正逐步渗透到人民生活的方方面面。在城市化进程中，体育运动与城市绿色空间相结合，出现了具有鲜明运动主题特色的公园类型——体育公园。体育公园的出现，成为城市居民在满足一定物质生活条件后，追求更高层次生活质量的必然趋势。

　　体育装备智能化一直是体育用品制造业开发与拓展的领域，智能健身房"搬家"到户外公园并免费开放成为现实。音乐智能化健身步道、智能音箱控制系统、多功能笼式运动场等智能化软件系统及配套硬件让智慧体育公园有了更大的发展空间，智慧体育公园将逐渐成为人们生活必不可少的场所之一。

　　体育公园的特点是将城市的"绿地、湿地"和运动健身场所结合起来，在城市规划建设中划分一部分场地兴建供居民锻炼、休闲、游玩的场所，要求有足够的绿地规划和较为完善的服务设施，使居民能够在其中进行身体锻炼，同时亲近自然。由此可以得出，智慧体育公园是一种特殊的城市公园，既要有符合一定技术标准的体育运动软硬件智能化设施，又要有较充分的绿化布置；既能满足各类体育运动比赛和练习，又可供人们休息和游玩。

一、智慧体育公园的特性

智慧体育公园作为环境优美、空气清新的城市绿色运动空间，本着服务大众的原则，满足各类人群的需要，有较完备的体育运动软硬件智能化设施、完善的运动修复保健体系，为人们提供了放松身心、回归自然的运动场所。它除了具有公园的一般特征，还具有其他的特性。

（一）科学性

科学性包括专业化和信息化两个方面。专业化是指智慧体育公园的体育设施、公园交通、活动设施等符合体育运动标准，且公园的规划设计人员具有公园总体规划、公园详细设计、体育设施设计以及体育相关方向等方面扎实的专业知识。

信息化是指智慧体育公园引进了很多先进科学技术和设备，如一些智慧体育公园的足球训练中心，配备了计算机化的培训系统。针对个人技术部分，其配备了自动供球和回收器，可提供不同速度和高度的球，为球员创造了一个真实的模拟赛场。针对比赛战术部分，利用具有连续播放和反馈功能的计算机控制系统，可控制比赛速度和提高球场决策力。智慧体育公园的照明系统、灌溉系统、管理系统等都体现了信息化的特点。

（二）主题性

智慧体育公园的主题并不是一味地为运动参与而进行设定，它除了是居民运动的主要场所，还是居民进行休闲游玩的场所，这样就赋予了它不同的主题，如以极限运动为主题、以水上运动为主题等。

智慧体育公园建设可以根据居民和城市建设的需求，结合当地风俗确定主题。建设何种类型一直是需要探讨的问题。智慧体育公园为大众服务，在其规划建设中首先应该对居民锻炼的习惯和健身项目的选择进行调查，在了解居民需求的基础上完善体育公园的项目建设，这样才能真正地做到为大众服务，否则修建的体育公园也只会成为无人光顾的场所。

（三）便利性

作为大众健身的场所，智慧体育公园首要的考虑因素应该是对居民锻炼的便利性。更好地服务城市居民，让城市居民方便地进行体育锻炼是智慧体育公园首先应具备的特性。便利性主要包括体育公园位置的选择、体育公园周边设施的建设以及交通情况。

（四）公共性

智慧体育公园的公共性并不是指都完全免费，而是根据入园人数多少决定是否免费。各个场地设施开馆时间和其免费向公众开放的时间是公园公共性的主要体现。在我国，体育公园的修建也是伴随着全民健身的不断发展而完善起来的。目前我国所建成的体育公园多以大中型为主，这些公园中很多场地设施的管理和维护是需要资金投入的，所以一部分场地并不是免费向公众开放的。总体而言，智慧体育公园还是具有公共性的特点，其初衷就是为大众服务。

（五）生态性

智慧体育公园区别于城市公园和城市锻炼场所的第一要点便是其生态环境的建设。独特的园林景观能对城市环境有所改善，重要的是对在其中锻炼的人的心理和身体需求的满足。我国现在的智慧体育公园生态环境大多修建较好，运动设施和公园绿化相互交错。

（六）安全性

随着生活水平的提高，居民对健身环境的需求也越来越高。人们在满足了最基本的生理需求之后便会不断地提出更深一层的需求。体育锻炼也是如此。当居民健身需求被满足后，更深层次的对于健身环境的需求——健身安全性的需求正在被人们重视，所以在体育公园修建时健身环境将是今后重点考虑的一环。

智慧体育公园是运动的场所，运动的安全是最为重要的，公园对于设施、场地、后勤等方面的安全问题都需要关注。相对于一般公园，智慧体育公园安全性尤为重要。首先，医疗设施要全面，医护人员要专业，以备突发事件的紧急处理。其次，运动设施要勤检勤修，不能再使用的一定要及时更换，暂时不能更换的要有明显的警告标志。

二、智慧体育公园的未来发展方向

随着科技和时代的进步，智慧体育公园中的体育场馆及设施建设将更加智慧化和人性化。运用多样化的高科技、新媒体等手段将成为智慧体育公园发展的新趋势。

随着经济水平的提高，城市生态环境建设方面的投入将大大增加，智慧体育公园作为面向大众的开放型绿地，更需要加大建设力度。体育公园建设数量的不断增加和生态技术的合理运用，为未来的网络化、生态化绿色空间提供了方向。智慧体育公园除了能创造较大的经济效益，还能带来极大的生态效益。因此，智慧体育公园应朝着融合多种功能的生态绿地建设方向发展。

此外，随着社会文化的进步，文化已成为智慧体育公园发展的灵魂，出现了突出文化内涵、满足人们文化需求的新趋势。只有不断追求文化内涵，才能创造出高水平、高档次、高品位的智慧体育公园。建设智慧体育公园不仅是单纯意义上为大众提供体育健身场所，它还是城市历史、文化建设的一个重要部分。全力打造城市品牌，使独具特色的体育文化积淀融入城市生活，也是智慧体育公园的发展方向之一。

第二节　智慧体育小镇的建设与实践

智慧体育小镇是体育产业、旅游业、新型城镇化与整个国民生活水平提高共同催生的一个新的经济形态，也是基于当前特色小镇和体育产业双重发展机遇而形成的一个创新结构。仅仅就体育做体育，很难形成持续性、引领性的增长结构，但如果体育能够与旅游、健康、文化结合，能够与城市化进程、土地升值、生活服务提升等融合发展，那么将会在打造生活方式的过程中推动综合性多样化消费、综合性盈利模式的产生，从而形成智慧体育小镇的综合型开发模式。

智慧体育小镇发展是我国体育产业发展的一种新形态，随着小镇建设的不断升温，一些问题也亟待解决。智慧体育小镇的内涵及意义解读、建设的类型和路径的探索与分析都处于摸索阶段，且随着互联网技术的成熟和快速发展，智慧体育小镇的科学定位、资源整合、宣传推广、科学运营和规范管理都在很大程度上决定着其未来的发展。

智慧体育小镇是基于新兴信息技术，具有独特体育文化和良好体育产业基础，集运动休闲、体育技能培养、健康旅游多重功能于一体的，新型现代化、特色化、科技化、互联网化的全民健康与体育产业重要发展平台。

具体而言，智慧体育小镇在体育产业发展方面追求"特而强"；在功能方面追求"智慧化"；在机制方面追求"新而活"。智慧体育小镇并不是传统意义上的"镇"，也不是人们传统理解上的"多方拼盘"，事实上它就是一个体育发展平台，是区域体育产业发展的新的动力及创新载体。

体育小镇的提出基于当前的经济环境、文化建设、城乡发展、资源分配等多重现实条件。而智慧体育小镇也有着相应的政策支持、技术推动、运动空间升级和产业融合契机。从体育小镇到智慧体育小镇，是对运动空间的再造和环境设备的升级，是体育产业不断发展的必然趋势。

一、智慧体育小镇提出的背景

在经济上，目前全球旅游已不足为奇，各国游客都乐于体验不同的体育文化，这对发展休闲体育产业来说，既是机遇也是挑战。如何打造具有特色文化的体育小镇，如何在提升服务质量、优化服务环境的同时，培养本土的休闲体育文化，就成为体育产业发展的重中之重。体育小镇概念的提出，则给予了有优秀体育文化环境与体育资源的地区发展的机会，对各地体育资源的合理配置有着相当重要的意义。

近年来，体育小镇的兴起，有效地保存了我国当前优秀的体育民俗文化，甚至在宣传层面上加深了我国体育民俗文化的影响，有利于继承和发扬我国独特的民族体育文化特色。体育文化建设与发展，必然进一步丰富小镇居民的精神文化生活，满足小镇居民的多元化体育需求，并对其生活方式和习惯产生重要影响。

在城乡发展二元化的结构矛盾上，体育小镇的举措也将有效地发挥其平衡机制，让城乡双方均衡收益。体育小镇的提出，将有效地对人群进行导流，实现城乡之间人口的双向流动，实现城乡产业之间设施互通、产业互融、优势互补，能够有效打破城市和乡村之间的文化与产业壁垒，从产业发展和地区经济文化构建的角度上，完成对乡村经济的现代化构建。

在资源分配上，地域之间有着较大的差异。就我国而言，东南沿海地区经济发展迅速，西北、西南等地区则具有独特的地理环境和气候条件。我国经济发展的空间配置更加均衡是我国实现共同富裕的关键所在，也是实现社会公平的重要内容。体育小镇的提出则给资源配置的均衡发展提供了具体的实践路径。例如，河北省张家口地区冰雪小镇与我国东部地区资本商业的联合，造就了"奥运冰雪小镇"。足球项目与商业资本的结合也铸造了"成都金堂互联网＋足球小镇"。体育小镇铸造了新型体育与商业结合的连接方式，从而促使国内的资源分配更加均衡，更加符合市场和人民的实际需求。

正是在经济、文化、资源配置诸多有利条件的驱使下，体育小镇才应运而生并蓬勃发展。目前，国内打造了各具特色的体育小镇，如青岛市的温泉田横运动休闲小镇、重庆市的太平场镇运动休闲小镇、安徽省的九华山运动休闲特色小镇、江西省的庐山西海运动休闲小镇等。依托地域特色资源，选择特色主题与特色产业，完善基础设施与配套服务，是这些体育特色小镇建设的基本特征。

二、智慧体育小镇的发展契机

在推进体育产业、助力新型城镇化的大形势下，建造和培育智慧体育小镇成为社会发展的任务之一。智慧体育小镇的开放性拓展了人们的生活和运动空间，联系并影响着相应的政治、经济、社会和文化领域的实践活动。而利好的政策支持、先进的技术推动、升级的运动空间需求以及产业融合的背景，都成为智慧体育小镇顺利发展和推进的契机。

（一）政策支持

2016 年 7 月，国家发改委、住房和城乡建设部、财政部联合发布《关于开展特色小镇培育工作的通知》，决定在全国范围内开展特色小镇培育工作，计划培育 1 000 个左右各具特色、富有活力的休闲旅游、商贸物流、现代制造、教育科技、传统文化、美丽宜居等特色小镇，引领、带动全国小城镇建设。

2017 年 5 月，国家体育总局办公厅发布的《关于推动运动休闲特色小镇建设工作的通知》提出，到 2020 年，在全国扶持建设一批体育特征鲜明、文化气息浓厚、产业集聚融合、生态环境良好、惠及人民健康的运动休闲特色小镇。持续火爆的体育产业和大热的特色小镇概念迅速融合，体育小镇成为各路资本和力量竞相追逐的对象，未来体育小镇会成为体育产业一个新的增长点。

上述两个文件的下发，表明国家相关部门对体育小镇建设工作的重视和关注，也从侧面反映了体育小镇在我国未来体育产业布局与发展中的重要地位。随着我国对体育特色小镇发展工作的重视，国家及各省市政策、文件相继出台，再加上商业投资的推动，体育特色小镇开始蓬勃发展起来，以体育为主题的体育旅游小镇、足球小镇、冰雪小镇等相继出现。作为扩大体育消费和加快体育产业升级的介质，体育特色小镇成为我国体育服务行业转型的重要参与力量。

此外，"互联网＋"代表一种新的经济形态，它可促进体育与健康生活方式更好地融合，推动全民健康事业发展，引领体育产业升级，形成新的经济增长点。具体而言，"互联网＋"在对外宣传推广、拓宽投资渠道、吸引投资建设、提升运营管理水平等方面效果显著，同时对体育小镇的智慧化发展建设发挥着重要作用。

（二）技术推动

与体育小镇相比，智慧体育小镇更注重技术的开发与应用，无论是体育设施建设还是持续的推广，都需要云计算、大数据、人工智能等新兴技术的支持。

大数据和云计算为智慧体育小镇提供了运营的技术支持。运用到智慧体育小镇的运营上，其具体则呈现为可以有效地以数据化的方式统计智慧体育小镇所拥有的有形资源和无形资源，对资源的投入比重有较为清晰的掌控；有效地预测小镇的客流量，帮助小镇运营，提供足够的服务；甚至通过人工智能算法指导当地是否需要使用促销、宣传等手段来达到资源利用的最大化。

推广智慧体育小镇，使其影响力走出地级市、走出省，乃至走出国门，则需要互联网、云计算与大数据等信息技术的通力合作。从"互联网＋"行动计划中能够充分看出我国对宣传推广网络化、数据化的大力支持和推进。而智慧体育小镇与"互联网＋"结合的作用机制及其具体实践路径的探索和分析也具有重要的意义和价值。

（三）空间升级

从体育场馆到综合体、公园、小镇，是体育运动空间不断升级的过程。智慧体育小镇在质量和品质上都有更大程度的提升，具体体现在软硬件设施的更新与配套服务的不断完善上。生态空间理论强调，城镇是以人的生产和生活为中心的环境系统，只有具有完善的结构和功能，才能满足人类居住、工作、休憩、交流的需要。这就要求多元化开发小镇功能。一方面，资源禀赋是体育小镇发展的依靠，关注小镇产业特点、资源分布的实质是探寻适合的发展路径；另一方面，需要时刻关注小镇的资源禀赋变化，如人口流动、资源更新、消费需求、比较优势改变等，及时调整体育小镇的发展规划，并以此为契机，大力发展全民参与的户外运动、旅游度假和休闲娱乐业，以取得较好的经济效益和社会效益。

（四）产业融合

目前，体育产业与相关产业已经在更深程度、更大范围上进行融合，遵循了技术融合、业务融合和市场融合等产业融合的演进路径，最后形成体育融合新业态，驱动着体育产业向更为智慧化的方向发展。产业融合是新时期发展智慧体育产业的必由之路，发展智慧体育产业要用融合发展的理念来协调与不同产业之间的关系，通过服务创新、制度创新、组织创新、管理创新等，依靠政府、企业等力量，实现智慧体育产业与不同产业之间的资源要素整合。

促进体育产业和其他产业相融合的背景为智慧体育小镇发展提供了契机。智慧小镇作为传统体育场馆的升级版，更具有产业融合性、制度创新性、空间开放性、经济带动性等特征，进一步成为推动体育产业与相关产业进行融合的新载体。

三、智慧体育小镇建设的意义

智慧体育小镇是一个全新的概念，而建设智慧体育小镇是一项极具现实意义的活动。

第一，提高居民生活品质。在我国，小镇众多，不过由于绝大部分小镇在规划和配套设施建设方面并不完善，因此很容易造成居民生活环境的不整洁。这样的居住环境与居民理想中的居住环境相去甚远，很容易降低居民的生活满意度。智慧体育小镇建设不仅有利于改善居民的居住环境，还可以有效提高居民的体育生活品质。智慧体育小镇在体育配套设施、环境设计及功能布局等方面均可以做到高标准规划、构建。因此，建设智慧体育小镇定能在很大程度上改善居民的居住环境，并不断提高其体育生活质量。

第二，推动体育产业发展和经济实力提升。想要真正有效地发展、建设智慧体育小镇，首先必须以体育产业发展为重要支撑，要与当地的区域产业规划统筹结合起来。因此，每建设一个智慧体育小镇，就意味着必须要发展一系列与体育产业相关的产业，无论是体育产业还是其他产业的发展，都必定会带来更多的就业机会。这无疑会增强小镇的发展潜力，进而带动整个区域经济实力的提升。

第三，增强小镇的商贸活力和服务水平。智慧体育小镇拥有自身的特色体育产品，拥有完善的商业配套设施。绝大多数的小镇因为无吸引力、功能定位较为模糊，而在商贸业、旅游业发展等方面显得较为滞后。而智慧体育小镇的建设以体育为特色，它的建设会在一定程度上带动当地旅游业、商业贸易以及服务业的发展。

第四，形成体育文化的吸引力。对于新型城镇化发展而言，仅在物质层面实现发展仍是远远不够的，还需要体育文化层面的配套发展。目前，我国的一些小镇在功能规划方面并不齐全，因而较难形成独特、清晰、明确的"现代城镇文化"。而智慧体育小镇不仅仅是一种体育文化形态的重要标志，其建设还可以为当地的发展融入很多新的内涵，最终形成一种更具特色的体育文化吸引力。

四、智慧体育小镇建设实践——重庆际华园体育温泉小镇

重庆际华园体育温泉小镇是国内首个集极限运动、时尚购物、温泉酒店与环球美食于一体的主题体验式休闲商业中心项目，由新兴际华集团投资建设。小镇位于两江新区龙兴工业园区腹地，坐拥"一环四横四纵三轨"的交通网络体系，交通便捷，拥有较好的区位优势。这是国家体育总局首批重点打造的运动休闲特色小镇，旨在以"体育＋旅游"为核心，以"五大基地"为基础，以"极限运动"为特色，以"一站式服务"为理念，打造西南地区最具国际化特色的体育小镇和极具吸引力的城市旅游目的地。

重庆际华园体育温泉小镇采取"体育＋X"的商业模式，以"体育"为核心，融合了运动、文化、旅游、养生、购物休闲娱乐、赛事等功能，打造具有独特体育文化内涵的目的地中心。

体育＋运动包括潮流极限运动中心、冰雪世界、综合型体育场、体育休闲类、滑板主体公园等板块；体育＋文化是指各种行业俱乐部和行业协会、体育收藏博物馆、会议中心、儿童教育培训、儿童农场、青少年社会实践体验基地、企业团建基地等；体育＋旅游涵盖精品度假酒店、露天剧场、户外休闲体验营地、户外探索基地、自驾车露营基地、空中旅游景点、4A级旅游景区；体育＋养生打造了温泉SPA度假中心、健康养生主题会馆、体育健身主题广场；体育＋购物休闲娱乐包括奥特莱斯购物中心、电子竞技中心、环球美食餐厅、KTV等；体育＋赛事即国家级赛事、市级比赛、民间赛事、丰富多彩的活动、新闻发布中心、体育会展服务中心等建设。

重庆际华园体育温泉小镇项目划分为商业运动区、体育游乐区和体育配套

服务区三大功能。商业运动区由极限运动中心、冰雪世界、奥特莱斯购物中心、精品酒店、环球美食中心、体育风情街、全民健身广场组成，以更时尚、更多样、更新鲜的气质，打造西南片区最大的集世界领先潮流于一体的商业运动公园；体育游乐区由山地运动乐园、大型体育乐园、大型水上乐园组成，形成国际领先、国内一流、西南片区最大的体育运动乐园；体育配套服务区由中小学生教育培训基地、体育产业总部基地、温泉度假康养区、国际体育小镇四大板块构成。完善的体育培训、专业的体育研发、高端的养生度假、全球的特色居住体验，合力打造国际最权威、最时尚、最具品质的体育产业服务。

重庆际华园体育温泉小镇凭借综合的业态组合、前瞻的建筑规划和全方位的建筑功能，将城市的主体功能汇集，形成功能完备、空间形态丰富、特点鲜明的城市购物、运动、休闲、娱乐圈。

第三节　智慧体育综合体的功能与模式

近年来，我国体育产业取得了较快发展，体育场馆越来越多地承担了除体育属性之外的其他功能，因此体育场馆也有了新的发展形态——城市体育服务综合体。同样，智慧体育场馆的升级版本——智慧体育综合体的概念也应运而生。

体育综合体的概念来源于城市大型建筑群和城市综合体，其生成与发展建立在两者的基础之上，是当前我国大力发展体育产业，促进体育消费的重要形式之一。此外，快节奏的都市生活要求现代人的生活方式更加高效，城市结构向着集约化方向发展。在体育锻炼成为人们生活必不可少的一部分的同时，人们也开始追求一种工作、锻炼、休闲、娱乐等一站式服务的多功能空间，这样既能丰富人们的生活内容，也能满足人们对生活的需求，给人们的生活带来更多的便捷。智慧体育综合体是在体育综合体概念的基础上，将体育产业驱动和综合体升级合力的产物。

一、智慧体育综合体概述

智慧体育综合体是指在一定的体育资源、土地资源和信息技术基础上，以体育产业为主导，其他多个产业相融合，将体育赛事表演、大众健身娱乐、体育会展演艺、体育旅游服务、健康餐饮等功能集聚于一体的公共体育服务与体育经济发展的聚集体。智慧体育服务综合体是一个体育产业系统，是对新兴信息技术的充分应用，是智慧城市综合能力的表现。其中概念的理解要点如下：

第一，智慧体育服务综合体的载体只有一个，即大型体育设施。

第二，功能多样化。智慧体育服务综合体不仅具有满足观看大型体育赛事的功能，而且具有体育休闲、商业会展、娱乐演艺、餐饮服务等功能。

第三，充分应用了新兴信息技术。智慧体育综合体区别于单纯的体育综合体的最为关键的一点在于智慧化程度，而智慧化程度则取决于信息技术的应用，包括软硬件设备的配套、更新与升级。

二、智慧体育综合体的功能

智慧体育服务综合体作为新时代的产物，其功能设计与定位是需要进一步明确和完善的。如果功能设计不合理、定位不准确，就会导致功能低效甚至整个项目的失败，不能较好地满足人们的需要和诉求。以下从智慧体育综合体整体功能和子系统功能两个方面进行定位。

整体功能明确智慧体育综合体能做到什么，能发挥什么作用。子系统功能回答了实现整体功能自身所具备的功能，体现其开展的主要功能内容。智慧体育综合体整体功能定位包括资源整合、创新服务和促进智慧城市发展的功能。

具体的子系统核心功能是体育服务功能，配套功能是商业、休闲娱乐及居住功能，此外延伸出文化、科技及旅游功能。

（一）智慧体育综合体的整体功能

1.资源整合功能

智慧体育综合体的资源整合即优化资源配置，实现整体最优。总体而言，资源整合功能就是推动体育资源的社会化、市场化进程，进一步健全和完善"政府推动、市场拉动、行业联动"的运行机制，积极整合城市资源、市场资源及资金资源，落实智慧体育场馆的科学发展。具体来说，首先，建立资源共享机制，以场馆设施为平台，通过与上下游产业的有机融合实现产业规模扩大，强化场馆设施与其他行业资源的整合，提高城市资源的集约化水平。其次，整合市场资源，将体育服务与商业、休闲娱乐、餐饮等业态有机融合，实现客源、产品、服务等整合。最后，引入市场机制，拓宽融资渠道，丰富产品供给，提高民间资本在体育资源配置过程中的投入比例。

2.创新服务功能

智慧体育综合体的创新服务功能不仅体现在体育服务的质量的提高和数量的增加上，而且通过与消费需求的有效对接，进一步延伸或放射服务的覆盖范围。从城市居民体育需求来看，其体育项目植入不但数量大，而且覆盖范围广，能让公民共享体育服务。从消费者需求层次来看，智慧体育综合体不仅满足消费者日常生活需求，包括超市、餐饮等生活服务类业态，而且满足消费者社交和享受需求，包括酒店、商务、办公及 KTV 等与消费者休闲娱乐、办公有关的业态。

3.智慧城市发展功能

如果在特定地区实施大规模企业投资或公共投资项目，这种投资会成为该区域增长的焦点所在。通过新建或改造的智慧体育综合体，其"硬件"设施和"软件"服务得到改善，为其他产业的进驻创造了良好的外部条件，吸引相关企业向该地区集中，形成集聚经济效应，从而延长城市新经济增长链条，为城市和区域的经济发展提供新动力。同时，智慧体育综合体设施齐全、功能配套及运作完善，往往会成为城市建筑的新地标、新景观，且其文化设施和服务的引入对当地文化传播和文化体系建设起到积极作用。智慧体育综合体并不是孤立地存在，它与智慧城市规划、发展构成一个相对有序的系统，且与周边城区和整座城市都存在一种平衡和适应的关系，影响范围多呈圆弧形向外辐射，表现出"智慧体育综合体开发效应"。

（二）智慧体育综合体的子系统功能

1.体育服务——核心功能

智慧体育综合体是一个聚合多元功能的系统，体育服务功能是其核心功能，即最大限度地满足消费者体育观赏或体验的消费需求。从目前综合体的发展来看，都是围绕体育服务实现全要素集聚和辅助设施高效配置，且各个业态之间具有相互渗透、相互支撑和互为价值链的能动关系。因此，智慧体育综合体的核心功能是体育服务功能，这也是区别于商业综合体、城市综合体的重要功能。

2.商业、休闲娱乐及居住功能——配套功能

核心功能在满足体育消费需求的同时，还必须创造配套功能，提高消费者的满意度，扩大消费。在综合体内部，配套功能依靠其自身所具备的资源优势分别承担着不同的功能分工，具体表现在：商业功能，体育需要商业带来的衍生服务来提高用户满意度，商业则需要体育的体验性、娱乐性来聚集人气；休闲娱乐功能，是穿插在综合体各个功能之间的供消费者休憩的场所，包括餐饮、电影院、剧场等，不仅在不同功能区联系之中起到"黏合剂"的作用，而且起到丰富综合体空间效果，增添综合体功能层次的作用；居住功能，大多是以住宅或酒店的方式出现在智慧体育综合体建筑之中或周围。

3.文化、科技及旅游功能——延伸功能

发展智慧体育综合体既要立足体育于体育，也要跳出体育兴体育，加强体育与文化、旅游、科技等行业跨界融合，充分运用市场化手段整合配置包括体

育在内的多种资源，使体育与其他产业之间相互反哺、不断融合，延伸产业链条，扩大体育消费人口。智慧体育综合体的延伸功能包括：文化功能，通过提供图书阅览、声像资料、文化展览、演艺等服务和内容，支持地方文化发展；旅游功能，旅游可以通过多种方式融入智慧体育综合体；科技功能，展示体育项目，销售体育产品。

三、智慧体育综合体的模式

目前，国内已有部分体育场馆改造或设计新建为体育综合体，在建筑数量与业态组合方面已具备了体育综合体的雏形。在智慧城市发展进程不断加深的背景下，智慧体育产业、房地产业、特色商业等相关产业融合发展，形成了不同功能、不同形式、不同主题的综合体。因此，按照不同的分类标准，就会有不同的类型。

第一，运动场馆型综合体。运动场馆型综合体是以运动场馆设施为依托，融体育赛事、商业活动、运动休闲、娱乐文化等业态为一体的综合体。随着我国经济的飞速发展，大型国际赛事在我国相继举行，智慧体育综合体的建设和发展也越来越重要。运动型体育服务综合体为举办大型体育赛事和娱乐文化活动提供了有力的载体。例如，杭州黄龙体育中心、济南奥体中心、上海虹口足球场、南京奥体中心等都是运动场馆型综合体最为典型的代表。

第二，体育休闲型综合体。体育休闲型综合体是以体育文化为形象定位，综合了体育比赛、商业会展、休闲娱乐、文艺演出、酒店住宿多种业态的体育服务综合体。它将运动休闲、康体保健、体育文教、度假游憩等体育产业服务项目集聚起来，突出体育运动特色主题，实现了体育与商业的无缝融合。典型案例有北京奥体文化综合区、深圳观澜湖高尔夫球场、杭州奥体博览城等。

第三，商务会展型综合体。体育商务型综合体是在特定的区域层面上体育与商业地产的相互结合，通过体育在旅游、商贸、零售、休闲、游憩等方面形象与功能复合，驱动特定城市空间的快速发展。将城市体育服务综合体融入商务休闲，可以通过体育特色主题的彰显，赋予特定的商务休闲产业有别于其他产业的差异化特色，从而有助于高端品牌的进入，并能扩大中高端消费群体，增加这些消费群体的格调与品位。

第四节　智慧体育的全民健身与"新"体验

体育是一种产业、一种事业，更是一种文化，不仅包括体育产业、竞技体育的部分，还包括群众体育的部分。因此，智慧全民健身是智慧体育至关重要的组成部分。加快体育强国建设，广泛开展"全民健身"是关键所在，全民健身旨在通过全民参与体育运动的方式，提升民众体质健康水平，丰富民众生活，而智慧全民健身着力通过先进的技术、理念，从基础设施建设、热点运动项目创造、运动方式创新等方面着手，解决民众"如何参与体育运动"及"怎样更好地参与体育运动"两大难题，让体育运动融入民众生活，为大众健康服务。

一、智慧体育的基础建设

基础设施是体育运动顺利开展的物质基础与重要前提，全民健身对体育场馆、设备等基础设施需求量的攀升，促使基础设施建设成为至关重要的任务。智慧全民健身，不仅要求体育基础设施建设在数量上有所保障，还要求在利用率提升、符合民众需求等方面下功夫。

（一）健身步道

健身步道是指在公园、绿地、广场等公共场合设置的，供人们进行健步走、跑步、自行车骑行等体育活动的专门道路。健身步道作为与城市绿色开放空间和慢行交通系统紧密结合的户外休闲健身空间，集生态改善、文化展示、健身休闲功能于一体，具有投资少、见效快、承载力强、容量大等优势，是全民健身的重要载体。

全民健身基础设施建设的根本目的在于满足大多数民众参与健身运动的诉求，而健身步道建设的初衷在于为大众健身运动提供开放、便捷的公共空间。健步走、跑步、自行车骑行等运动，均是简单实用且能够带来较大健康效益的活动，深受大众喜爱且便于推广。而健身步道相对于体育运动场馆等大型体育基础设施，又往往具有占用空间较小等优势，内嵌于城市功能区块中，缓解了民众身边的体育设施不足等问题，有效拓展了城市运动空间。

相对于一般的道路，健身步道一般由能对运动者构成保护的特殊材质铺设而成，具有防滑、耐久性强等特点，并提供信息、安全、警示等标识系统，最大化地保障了健身运动的安全性。同时，健身步道设施科学、完善。在步道路面及周边设置有里程标识、健身指南标识，多样化健身设施，以及适合老年人、残疾人等人群的无障碍设施。较长的健身步道还设有专门的"健身驿站"，根据自身条件因地制宜地设置相应的休息区、服务区，为健身运动者提供休整、测试、救助、餐饮等服务。

健身步道的一大特色在于与当地生态环境的完美融合。例如在材质上，登山步道往往使用原有山径古道，并通过坡道将地势高差相连接；健走道、骑行道等也因地制宜建设沥青道、木栈道、石板道，或是选择配置可形成林荫效果的乔木。与生态环境的完美融合，使健身步道在承担健身运动作用的同时，可以发挥美景欣赏的功能，使"最美的风景在脚下"。

近期，各地开始出现"最美健身步道"，为城市增添了亮丽的风景线。例如，呼伦贝尔国家草原健身步道是我国首条体现草原理念的健身步道，其跨越草原、松林、青山、河流、湿地多种地貌，使人们可以在阳光里享受"会呼吸的乐土"，感受大自然带来的美好与愉悦。除依托自然生态外，健身步道通过特别的设计，使大众在运动的同时感受到特别的文化或景致。例如，郑州市建设"科普健身步道"，将科普知识绘制到健身步道上，具有趣味性与启发性。

全民健身基础设施建设的关键在于使运动更便利、使设施更"接地气"，最终更好地满足用户的需求。智慧步道通常依托大数据、物联网等技术，采用在步道上配置传感器、为健身群众发放健康手环等方式，对运动距离、消耗的卡路里、心率情况等数据进行采集、处理，并通过手机端、手环设备、电子大屏等方式进行实时显示，并提供合理化运动建议。同时，新技术也进驻"健身驿站"等健身步道的中途休憩区域，免费测试体重、体脂率、骨密度、血管动脉硬化情况等健康数据，使步道上的运动者对自己的健康状况形成整体把握。此外，健身步道的配套设施也融入了诸多科技元素，如步道两侧的照明灯被替换为多功能灯杆，可以实现无人值守情况下的自动化定时电路控制，并兼备音响、网络连接等功能，为公众夜间健身运动提供便利。

（二）社区体育中心

社区体育中心建设的目的在于满足大众的运动需求，为全民健身提供合适的场地、设备。相对于大型体育场馆建设成本高、利用率低等问题，社区体育中心往往规模较小、成本更低，在地理位置、功能实现等方面，更加多样灵活、更接地气。

现代体育场馆作为多功能生活设施，逐渐与人们的日常生活紧密相连。而社区作为与民众生活息息相关的基层组织，是若干社会群体或社会组织聚集在某一个领域内所形成的生活上相互关联的庞大集体，是社会有机体最基本的内容，是宏观社会的缩影。由于社区与大众生活的密切关系，全民健身的实现需要从社区起步，应率先在中心社区、中心村建设受大众喜爱的、室内外结合的社区健身中心，再向周边空间逐步推开。从大众身边的空间出发，加强基础设施建设，解决健身场地不足的问题。

社区体育中心建设的意义不仅在于为大众运动提供设备支持，还在于吸引更多民众主动参与到体育运动中去。通过设立社区体育俱乐部制、会员制等制度，培养稳定的消费群体，使社区体育中心的使用率及效益得到充分保障，更支持多种不同类型的体育运动，满足不同年龄、不同性别群体的运动需求，并不断推陈出新，推出能够吸引更广泛人群参与的独特体育活动。

例如，社区体育中心设有塑胶跑道、篮球场、游泳池、舞蹈教室、瑜伽室等场地，包含多种器材，支持多种体育项目同时开展。可以在社区体育中心增加水中健身操、哑铃操、软式排球、木板冰壶、女子射击等新健身项目。除多样化的运动项目外，社区体育中心设置专业的体育培训、体质监测基地，根据不同年龄和需求安排，提供各项免费或收费的服务。社区健身中心还作为重要主体，积极举办各项体育赛事。还可以以社区体育中心为单位组织社区体育比赛，比赛分成不同年龄组，依据社区参加体育活动群体的广泛性来决定比赛项目。除开展体育健身活动外，还可以开展其他类型的活动，包括闲置书籍售卖、会展、音乐会等，以开拓多种创收渠道。

社区体育中心的建设应因地制宜，重视与社区及城市人文景观的相互融合。例如，把仓库改造成设置有有氧、力量等训练区域的健身中心，将运动设施与生态环境融合为一个有机的整体，将游泳池与公园水上设施合二为一，或运用健身步道将室内空间与室外自然生态相连接等。社区体育中心借助出众的设计，在保障运动功能实现的同时，凸显区域特色。

二、智慧体育的全民运动

全民健身突出表现为越来越多的民众开始参与到健身运动当中，形成人人参与、人人健身、人人快乐、人人健康、人人幸福的良好氛围。由此，小众运动开始走向大众，趋于普及化；而大众运动在专业性、定制化等方面也有所提升，趋于科学性，面向更多用户的更为科学的全民运动"热"开始兴起。

（一）马拉松

过去，马拉松作为一项高负荷、大强度、长距离、强挑战性的运动，受众面较为狭窄，对参与者的要求高。专业马拉松赛是一项名副其实的小众运动。但近年来，马拉松已逐步走向大众，甚至成为全民健身领域的一种"现象级"新时尚。一方面，马拉松赛事数量与参赛人数不断攀升，呈现井喷式增长局面。另一方面，马拉松赛事质量不断飞跃，运动的安全性、趣味性均有所提升。例如色彩马拉松、泡泡马拉松、味觉马拉松等新形式的马拉松运动兴起，吸引了越来越多的"跑迷"。

马拉松本质是一种超长距离的跑步，而跑步本身具有门槛较低、不需要复杂专业的运动场地等优势，可以实现广泛的参与，这便为马拉松发展成为可人人参与的开放性运动奠定了基础。马拉松运动和普通跑步运动一样，不受国籍、年龄和社会地位的限制，面向所有人开放。为使马拉松真正发展为一项全民皆可参与的运动，组织者在挑战性相对较强的全程马拉松基础上，拓展出半程马拉松，以及迷你马拉松、亲子马拉松、情侣马拉松等融入更多娱乐因素的特色项目。同时，在技术上进行革新，保障马拉松运动的安全、高效、便捷开展，防止超负荷运动可能造成的猝死等恶性事件发生。例如，应用运动手环、运动 App 等工具，记录参与者运动的行程及其在运动过程中的身体状况；应用综合气温、湿度、太阳辐射、风力指标的检测法，测试天气状态与运动的匹配程度，及时规避不利天气对马拉松赛事可能造成的影响。

马拉松在走向大众的同时，仍保有挑战极限、永不放弃的精神内涵。作为一项极限身体运动，马拉松要求参与者具备足够的体力、耐力，以及身体的承受力、意志力，而现代马拉松充分传承了这一精神锻炼职能。公众参与马拉松运动，往往不仅出于锻炼身体、完成体育项目的目的，更是出于对自我的挑战。马拉松所推崇的顽强拼搏、挑战极限和永不放弃的体育精神被更充分发扬，参与其中的人们很容易被马拉松精神感染，进而将这种突破精神渗透到日常生活的各个方面，甚至上升到人生目标实现的高度。

在传承永不言弃传统精神内涵的同时，马拉松运动更与时俱进地衍生出许多新的内涵。例如，马拉松运动过程中所产生的畅快感，使其成为参与者放松心情、排遣负面情绪的方式。家庭跑、情侣跑、环保跑、公益跑等新类型马拉松的出现，以及移动互联网等新技术的诞生，使马拉松具有浓厚的"体育＋"特色，从而使马拉松运动的内涵得以拓展。例如，在"世界自闭症日"举办"爱星奔跑"活动，以马拉松的形式号召更多的人关注自闭症群体。

各地兴起的环湖马拉松、环岛马拉松、山地马拉松等特色运动项目，更是将马拉松与当地自然生态相结合，实现运动与观光的一体化。这一系列的创新活动，有效拓宽了马拉松的受众范围，以多元内涵对接不同群体用户需求，使其从一项小众运动，受到越来越多的关注和热爱。同时，要提升马拉松运动质量，提升参与者的黏性，使马拉松运动更多地发挥维系人与人之间纽带的作用，实现社交及娱乐功能。

（二）广场舞

广场舞是一种集健身与形体舞蹈于一体的群众性健身舞蹈活动，多为徒手健身，也可手持轻器械，是一种源于社会生活，产生于群众之中的，具有开放性、广泛性、自娱性的大众运动形式。广场舞具有塑造健美形体、提高心肺功能、锻炼体质、缓解精神压力、娱乐身心等健身作用，同时，动作简单易学、风格多样，对舞蹈基础、场地器材等要求不高，且没有年龄、性别、民族的限制，可以随时随地融入其中，因而拥有广泛的群众基础，迅速成为较受欢迎的大众运动项目之一。

广场舞作为一项集健身、娱乐、休闲于一体的体育运动项目，相比于其他健身项目，具有参与人群基数大、密度高、热情足、随意性强等特点，同时也因噪声扰民而颇受诟病。其所引发的一系列纠纷，甚至演变为一项社会问题。剖析广场舞纠纷，可以发现有噪声影响与管理矛盾、场地狭小与需求膨胀矛盾、素质与法规缺位矛盾等多重矛盾，但归根到底还是自发于群众间的广场舞运动科学性不足，无论自我发展状况还是配套设施、制度建设等方面均不成熟。

以广场舞为代表的一大批大众运动，具备受众广、参与性强等优势，但科学性的欠缺往往使其广受诟病，发展之路因此受阻。而智慧全民健身的出现便是对这些不成熟的大众运动形式进行支持、引导、规范，使其走上科学发展之路。

一方面，智慧全民健身对广场舞等大众运动形式总体持支持态度。这一运动虽不成熟，但往往具有良好的群众基础，在满足大众运动需求方面独具优势。例如，参加广场舞的健身人群主要为女性，以中老年为主，且大部分没有接受过高等教育。这部分群体因年龄原因重新学习竞技性强的体育运动项目难度大，只能选择简便易行的健身活动。同时，这部分群体是全民健身中不可缺少的组成部分，又受自身诸多因素限制，可选择的运动项目空间相对狭窄，而广场舞是其不多的运动选择之一。智慧全民健身推广全民的运动，要关注这部分群体的运动需求，势必在开发新运动形式的同时，支持广场舞等固有大众运动项目的发展。

另一方面，智慧全民健身积极完善广场舞等大众运动形式的相关配套。在运动场地方面，广场舞参与者往往缺乏专门的场地，因而选择与居住地、工作地较近的广场、公园进行运动。同时，随着城市的扩张，城市内部建筑密度不断增大，挤压城市空地，健身人群与周边居民的矛盾也日益严峻。智慧全民健身在加强体育运动基础设施建设的同时，更应当引导大众接受并习惯使用这些基础设施。

以广场舞为例，应引导广场舞走出广场，走向专门的社区体育中心及运动场馆，选择科学专业的场地与设备。除运动场地外，广场舞纠纷的出现更暴露出相关法律法规的缺失，使受到广场舞噪声干扰的民众面临投诉无门的局面。因此，智慧全民健身在鼓励运动走向大众的同时，更应重视运动的科学性，对大众健身运动行为进行规范：细化关于大众健身权利影响其他公民合法权利的处罚规定，明确健身运动中哪些行为是合理的，哪些行为是不被允许的等。

智慧全民健身引导广场舞等大众运动形式向更文明、更科学方向发展。全民健身运动初期，主要任务是激发群众健身热情，引导更多民众参与到健身运动中。而当越来越多的民众参与到健身运动中时，其中心任务就要转变为提高公民科学健身素养，倡导健康生活方式，开展"终身体育"教育，由强调提升健身频次向重视健身效果方向转变。大众运动科学化提升除可通过宣传引导实现外，还要注重新技术的应用。例如，先进的定向声学技术可以通过信号处理实现声音控制，使声音像探照灯一样在有限区域内传播，解决广场舞噪声扰民难题。再如，增强现实技术可以通过提示音和画面，提供身临其境的舞蹈指导，使广场舞更加专业。

智慧全民健身不仅使广场舞等大众运动更"热"了，而且使其内涵更丰富，更具多元价值。例如，看似普通的广场舞，却衍生出千亿规模的市场，如服装、音响、视频播放器等与广场舞直接相关的产品，可创造上亿元的销售额。

三、智慧体育的健身"新"体验

智慧全民健身试图探究如何使更多民众参与到健身运动当中，并特别强调应用智慧的力量对健身运动进行改造，这便在传统健身运动基础上，衍生出了一系列新产品、新途径、新模式，为健身用户带来全新体验。

（一）乐刻运动

在全民健身的大潮之中，健身房占据至关重要的位置。健身房不仅为健身运动提供场地支持，还提供专业化的课程、教练指导及相关配套服务。但传统健身房总体仍处于"中产级别"消费的时代，以"年卡和现金流"建立与用户间的高度绑定关系。随着智慧全民健身运动的兴起，一系列价格低廉、满足多样需求、可提供全天候服务的智慧健身房开始出现。智慧健身房的诞生，将线上线下联动起来，盘活运动资源，让用户享受到高性价比的健身服务，使健身体验更自由丰富。其中，乐刻运动便是这种智慧健身房的代表。

乐刻运动是由杭州乐刻网络技术有限公司开发的 24 小时连锁健身品牌。公司成立后，已在北京、上海、杭州、南京、济南、重庆、深圳、武汉等城市开设上百家门店。数量庞大的线下健身房门店，使乐刻看起来与传统的连锁健身房并无不同。但事实上，乐刻运动是一家健身运动平台型公司，其通过健身手段、资源、场景、消费方式、运动生态等方面的积极创新，建立覆盖全健身产业的 O2O 平台。其线下门店的设立只为撬动更多线下资源。因此，乐刻运动及其智慧健身房早已脱离实体健身房的外壳，走上线上线下一体化道路，成为一个提供 7×24 多样化智慧健身服务的样板。

乐刻运动的不断发展壮大离不开庞大的用户基础及灵活多变的空间产品形态，更离不开背后强大数据平台及先进智能技术的支持。互联网、大数据、物联网等工具的应用，可以突破人工困境，打造"无人健身房"，实现 7×24 全天候自助服务。所有硬件设备的使用情况均处于实时监控当中，监控数据将及时反馈至数据监控中心，保证线下门店安全可控。用户可以应用线上 App 查找附近的门店，获取课程介绍及线上自主约课，并通过二维码扫码进门、签到，开启健身之旅。

同时，乐刻运动会通过采集的用户的性别、年龄、职业、运动习惯、消费偏好等数据，生成对用户的整体画像，并根据用户运动喜好、生活习惯的不同，提供针对性的运动项目及课程服务推荐，实现用户与场地、课程、教练的最佳匹配，并为用户提供免费的体质测试和科学健身知识课程，以及向长时间没有运动"打卡"的用户发送督促健身的推送信息，使服务供给更加人性化，更符合用户的切实需求。

乐刻运动在利用智慧化手段优化运动体验的同时，更试图将健身运动打造成一种生活方式，而非局限于一种运动项目。乐刻运动希望通过一系列内容设计，使健身运动成为时尚健康生活的代名词，激发用户内心的共鸣。例如，推出运动社区，开发运动 PK 等活动，将社交元素引入运动，提升健身运动的娱乐性及参与性。打造"健身狂欢日"，带动线上线下相结合的健身运动热潮。这一系列内容设计方面的努力，不仅达到良好的引流目的，使庞大的健身运动参与用户呈几何倍数的增长，还充实了健身运动内涵，打造出更为丰富的全新运动体验。

（二）Plogging

智慧全民健身在运用智慧手段对健身运动进行革新的同时，也孕育了一系列全新的健身运动形式。这些运动形式往往在传统运动项目基础上，融入一系列全新的元素，以迎合日趋多元、动态、碎片化的现代生活节奏，更好地满足用户的需求。而被誉为"2018健身新风潮"的Plogging便是其中的代表。

Plogging是瑞典语的派生词，是Picking up（捡起）和Jogging（慢跑）的结合体，中文将其翻译为"拾荒慢跑"，通俗一点即为"慢跑捡垃圾"。这项运动最初由瑞典人发起，2016年，这项运动在瑞典引发强烈关注，吸引越来越多的运动团体参与其中。如今，Plogging已经在社交媒体上拥有了自己的标签，Plogging运动的参与者通过社交平台分享自己的运动动态，他们不再晒自己运动的公里数或是燃烧的卡路里量，而是上传捡拾垃圾的照片、PK收集垃圾的数量。Plogging伦敦、Plogging纽约、Plogging法国等话题，一度登上各国社交媒体热搜榜单。

Plogging席卷全球的秘诀之一，在于其受众广泛且简单易行。无须特殊的装备，只需一副手套、几个垃圾袋，便可在跑步健身的同时兼顾环保，在改善自身健康状况的同时改善整体环境的健康状况，这是无论老人或是孩童都可以参与其中的真正意义上的全民健身。Plogging兴起的更深层原因在于随着经济水平的提升，越来越多的人希望为保护身边的幸福承担起自己的责任。Plogging使每个普通人拥有尽微薄之力为环境保护做出贡献的能力，彰显每一份微小力量的作用，使运动参与者沉浸于运动拯救地球的自豪感之中。Plogging健身运动虽看似普通，却有着人人期待的结果——让世界成为更好的世界，让自己成为更好的自己。

作为一项全新的运动形式，Plogging旨在鼓励人们在运动的同时捡起和搜集周围的垃圾，以达到跑步锻炼身体和净化周围环境的双重意义。跑步对健康有益，而拾垃圾对地球的健康有益，Plogging将两者巧妙地结合在一起，为普通跑步运动打造环保场景，将善行和环保情怀融入运动内涵，形成一种新的环保健身运动形式。这种场景打造与多元素融合，将相同特征和需求的用户聚集到一起，酝酿出一种全新的社群亚文化，进而提升用户黏性，实现运动价值的最大化。

虽然被赋予环保的内涵，Plogging 本质上仍是一项运动项目。事实上，Plogging 看似简单，却能达到意想不到的运动效果。Plogging 遵循"慢跑—短暂停歇—下蹲捡垃圾—起身—慢跑"基本运动流程，形成综合的"间歇"和"伸展"，可以综合锻炼胳膊、腿等身体组织。而捡垃圾的动作则更类似于健身中常见的深蹲动作，除涉及双腿肌肉练习之外，还顺便带动核心肌群并有助于肌耐力和心肺功能的提升，健身运动效果十分显著。

第四章　智慧体育场馆的构建与转型应用

第一节　体育场馆智能化系统的配置与选型

随着科技的发展，新兴信息技术逐步渗透到公共体育场馆的建设、运营、管理中，为建设环保、节能、最优管理效益的公共体育场馆提供了发展契机，"智慧场馆"应运而生。智能场馆是智慧时代体育产业转型升级的一个标志性产物，整个行业的升级带动倒逼体育场馆的智慧化升级。从战略布局来看，可以将场馆的智慧化看作一个入口，智慧体育场馆在促进竞技体育、大众体育以及智慧体育产业的快速发展中发挥了重要的作用。从整个智慧体育生态看，这不仅仅是一个入口，更是所有赛事及内容生产的重要载体。作为核心环节之一的智慧体育场馆，从场馆的建设与馆内设施的完善水平、场馆所能提供的服务以及创造的价值等方面，都对整个智慧体育生态的顺利运行有着巨大的推动作用。

智能建筑是通过优化建筑结构、系统管理、服务质量，建设一个具有安全、舒适、便利等特点的平台，同时包括各种电气设备、办公环境、通信系统等配套设施。体育场馆的智能化系统则是智能建筑的一部分，具有采暖、通风等功能，并且具有建筑结构、电气设施等必要设备。智能化管理能够为竞技训练和比赛提供场地以及其他服务，包括信息服务、网络通信服务、显示服务等。

为满足体育比赛、运动训练以及赛后利用对管理和服务的需要，在体育场馆建筑空间和设备的基础上，采用信息技术（电子技术、自控技术、通信技术、计算机技术）的产品和成果构建的大型复杂系统，称为体育场馆智能化系统（GIS）。

体育场馆智能化系统是现代化大型体育馆的大脑和神经，是体育赛事顺利进行的重要保证。完备的 GIS 一方面可以使体育赛事更加公正、准确，使裁判员的工作效率大大提高；另一方面可提高体育比赛的观赏程度，以及体育场馆及体育比赛的社会效益。因此，研究大型体育馆的智能化系统对提高体育馆的现代化水平、承接大型国际比赛、提高体育比赛办赛能力和运动员的比赛成绩，以及满足观众的观赏要求都具有重要的意义。

一、体育场馆智能化系统的特点

第一，从满足运动员需求的角度来说，体育场馆智能化系统要检测排水、空气质量和比赛当天的风速，运动员的日常生活用水的消毒，休息地点空调设备的控制，夜晚比赛场所的照明控制等。

第二，从组织比赛的角度来说，要实时监测火警和一般民事案件，具备现场记分和争议时再现比赛过程判定结果的能力，实时控制售票和验票过程，在对特殊比赛进行直播时，要有扩声设备。

第三，从新闻报道的角度来说，要考虑直播和转播的需要，包括照明、评论员位置的设置等，要考虑新闻记者快速通过互联网发稿的要求，设立应急互联网上网机房，以防止信号屏蔽带来的不便。

第四，从满足现代观众观赛需求的角度来说，体育馆要有足够的席位、车位，大屏幕直播要保证各个方向的观众都能看到比赛细节。

二、体育场馆智能化系统的配置

体育场馆智能化系统一般配置智能化监控系统、通信网络系统、场馆专用系统、应用信息系统、办公自动化系统、机房和系统集成。

第一，智能化监控系统。智能化监控系统采用分布式或集散式结构，对场馆内各类机电设备的运行状况、安全状况、能源使用状况等实行自动的监测、控制与综合管理，调节场馆内影响环境舒适性的温度、湿度、风速等指标，监控破坏环境安全性的恐怖、火灾等因素，以保证体育比赛和其他活动的正常进行。同时，为场馆的经济运行和日常管理提供技术手段，达到场馆运营服务管理的要求。其中包括建筑设备监控系统、火灾自动报警及消防联动控制系统、安全防范系统、建筑设备集成管理系统。

第二，通信网络系统。通信网络系统通过为场馆内外信息的传输提供网络平台，以支持语音、数据、图像、控制信号和多媒体信息的接收、存贮、处理、交换、传送、播放，从而满足体育比赛和场馆管理中对各种信息的通信和广播的要求。其中包括综合布线系统、语音通信系统、计算机网络系统、有线电视系统、公共广播系统、电子会议系统。

第三，场馆专用系统。场馆专用系统区别于普通建筑的智能化系统，是体育场馆所特有的，为满足举行比赛、观看比赛、报道和转播比赛所必需的智能化系统。其中包括屏幕显示及控制系统、扩声及控制系统、场地照明及控制系统、计时记分及现场成绩处理系统、现场影像采集及回放系统、售验票系统、电视转播和现场评论系统、主计时时钟系统、升旗控制系统、比赛中央系统。

第四，应用信息系统。应用信息系统通过为体育赛事组织、场馆经营和运营服务管理业务提供应用服务数据库、信息集成平台和信息门户，提高信息的时效性，实现管理自动化，为管理者提供辅助决策支持，达到提高效率、节约资源和提高经济效益的目的。其中包括信息查询和发布系统、赛事综合管理系统、大型活动安全保障及应急指挥系统、场馆运营服务管理系统。

第五，办公自动化系统。办公自动化系统是应用电子计算机技术、通信技术、系统科学和行为科学等先进技术，使人们的办公业务借助于各种办公设备，并由这些办公设备与办公人员构成服务于某种办公目的的人机信息技术。应用这些技术，还可以完成各类经营性质的管理。

第六，机房。机房包括设备监控机房、消防监控机房、安防监控机房、赛事指挥中心、综合布线系统设备间、语音通信系统机房、信息网络系统机房、有线电视系统机房、公共广播系统机房、会议控制室、屏幕显示系统机房、扩声控制机房、场地灯光控制机房、比赛中央监控系统机房、计时记分及现场成绩处理系统机房、电视转播系统机房。

第七，系统集成。系统集成是将体育场馆智能建筑内不同功能的子系统通过系统集成的方式，在物理上和逻辑上进行连接，以实现综合信息、资源共享和整体任务完成的目的。系统集成应能汇集体育场馆内各种有用的信息，把分散的各子系统的智能综合为整体的智能，通过同一个计算机平台，运用统一的人机界面环境，提高体育场馆的智能化程度，并有效地增进综合协调和管理能力。体育场馆智能化系统的核心是系统集成。

三、体育场馆智能化系统的选型原则

智能化系统占体育场馆总投资的比例较大。老体育场馆一般仅考虑扩音、显示等常规系统，新体育场馆增加了设备监控、安防、记分、智能通信、机械控制等智能系统。因此，智能化建设一方面需要满足现代体育比赛的要求，另一方面要求尽可能减少投入。为使设备尽可能为以后的经营管理服务并减少产业经营的压力，这两个矛盾在智能系统设计初期就必须进行合理取舍。为此，体育场馆技术的选型要遵循以下原则：

（一）以适应未来科技及应用的发展为原则

在科学技术日新月异的今天，弱电系统，特别是智能化的楼宇自控管理系统能够长久保持一种方式是很困难的，因为人们对系统的要求不断提高，同时新的技术成果也在系统中不断提高、注入。解决已有系统与科技成果之间矛盾更客观的方法，就是要求楼宇自控管理系统有足够的弹性，能包容未来科技以及应用上的发展，达到短期投资、长期收益的目的。大型体育场馆工程所要求的楼宇管理系统必须考虑到可持续性、可发展性，这样才能保证投资人的利益，为此要求系统以适应未来科技及应用上的发展为主要原则。

（二）以提高使用者和管理者的效率为原则

尽管体育场馆的使用者会是不同的职能部门和不同的人群，但是归纳起来可以分为两大类，即使用者和管理者。

第一，为使用者提供的服务。体育场馆是人们运动、娱乐的场所，通过配置先进的、合理的、智能的楼宇管理自控系统，可以大大提高工作人员的工作效率和使用者的生活乐趣。工作效率的提高可以分为两个方面：一是提供现代化的办公条件和通信条件，因此要求在相应的设计区域配置计算机终端设备、网络设备布线系统、通信设备以及其他重要的办公设备（如传真机、扫描仪、复印机）。二是给使用者提供一个清新舒适的娱乐环境，这个正是通过场馆设备管理自控系统来实现的。

第二，为管理者提供的服务。在中央控制室通过电脑设备实现集中管理，大大减少了维修人员和操作人员数量，并能及时发现和处理设备出现的问题，切实提高管理者的工作效率。

（三）以合理的投资与运营成本为原则

1.具有丰富的节能节电手段

体育场内配置了大量的空调机组、排送风机组以及相配套的冷冻站设备和冷却塔设备，这些设备经常处于运行状态，不可避免地需要耗费大量的能源。建筑空间内还配置了大量的机电设备，如通风设备、给排水设备等设备，这些设备的运行，同样可能导致电耗增大。另外，建筑内外的照明、景观、动力用电系统在能源的消耗中也占有很大的比例。系统通过电脑控制程序和各种传感、执行设备对整个建筑的设备进行监视和控制，统一调配所有设备的用电量，可以实现用电负荷的最优化控制，在提供一个清新舒适环境的基础上，可以大幅度节省电能，减少浪费。相反，如果把设备调整成始终按照最小的耗能方式运行，又不能保证舒适又清新的娱乐环境，使用者及体育场馆工作人员就会产生困倦、精神恍惚等体验，从而直接影响到体育场馆的销售业绩和使用者的心情。因此，采用楼宇自控管理系统可以在保证舒适环境和温度的前提下节约能耗，并可以通过清新舒适的场所环境条件激发工作人员的积极性。

2.延长设备的使用寿命

在建筑内配置智能化的楼宇管理系统后，各种设备的运行状态将始终处于系统的集中监视之下，同时系统可单独为各台设备建立运行档案，自动记录每台设备的运行状况，定期打印维护保养、修理通知单，输出各种设备运行统计报表，这样可以保证每台设备能按时维护、保养、修理，为设备管理提供基础数据，提高设备管理水平。同样，设备的运行寿命加长也直接或间接地降低了设备发生灾难性故障和连锁反应的可能性，最大限度地降低了建筑的运行费用。

3.选择以开放式网络为基础的楼宇智能化系统

选择以开放式网络为基础的楼宇智能化系统，不但可以与其他的弱电系统有机地集成，还能与上层的管理系统有机地结合在一起，具备实现综合管理的功能。

第二节　体育场馆智能化系统的内容

一、计算机控制系统

（一）计算机控制系统的控制过程

计算机控制技术是计算机技术与自动控制技术的结合，是构建体育场馆监控系统的关键技术。数字计算机具有强大的计算能力、逻辑判断能力和大容量存储信息的能力，因此计算机控制能够解决常规监控技术解决不了的难题，达到常规控制技术达不到的优异能力。与采用模拟调节器的自动调节系统相比，计算机控制能够实现先进的控制策略，以保证控制的精度和性能。而且，其控制结构灵活，易于在线修改控制方案，性价比高，便于实现控制与管理的有机结合。

计算机控制系统的控制过程：

第一，测量元件对被控参数的瞬时值进行检测，并通过 A/D 转换器输送给计算机。

第二，计算机对所采集到的表征被控参数的状态进行分析，按照内部存储的相关算法或控制规律决定控制过程，计算出控制量。

第三，将计算输出的控制量通过 D/A 转换器传送给执行机构，使之执行相应的操作，并对被控设备加以控制。

第四，上述过程不断重复，使整个系统能够按照一定的动态品质指标工作，并且对被控参数和设备本身出现的异常情况进行及时监督，同时迅速进行处理。

（二）计算机控制系统的组成

典型的计算机控制系统由被控对象、自动化仪表（测量仪表、变送器、执行器）和控制器组成。

在常规控制系统中，被控对象的被控参数仅由测量仪表检测，并由变送器转换成相应的标准电信号，随后输入控制器。在控制器中，测量值与预先设定的给定值比较，两者的偏差送入控制电路，按照预定的控制规律，产生相应的控制量。控制器产生的控制量输出到现场的执行机构，控制被控对象中的阀门、挡板等设备，以改变被控参数，使之向给定值靠近。

在计算机控制系统中，通常采用过程控制计算机取代典型常规过程控制系统中的控制器。由于计算机内接收、处理、存储和输出的是数字量，而被控对象的参数大多是模拟量和开关量，因此过程控制计算机的主机和被控对象之间增加了相应的信号转换装置（如 A/D、D/A 等）。

在计算机控制系统中，常规控制器的控制功能由过程控制计算机中的控制软件来完成，具有灵活、稳定、精确、功能强大等特点。为完成控制任务，计算机控制系统应包括硬件和软件两个部分。

1.计算机控制系统的硬件组成

计算机控制系统的硬件部分主要包括计算机的主机、外围设备与人机联系设备、过程输入输出设备和通信设备等。

（1）主机

主机由 CPU、存储器（ROM、RAM 等）及 I/O 接口电路组成。主机是计算机控制系统的核心，控制系统的控制策略及系统的监控功能在主机内实现。

（2）过程输入输出设备

过程输入输出设备是计算机与生产过程之间信息传递的纽带和桥梁。过程输入设备包括模拟量输入（AI）通道和开关量/数字量输入（DI）通道。其中，AI 通道由多路采样开关、放大器、A/D 转换器和接口电路组成，它将模拟量信号（如温度、压力、流量等）转换成数字信号再输入计算机；DI 通道包括光耦合器和接口电路等设备，它直接输入开关量或数字量信号（如设备启停状态、故障状态等）。过程输出设备包括模拟量输出（AO）通道和开关量输出（DO）通道。其中，AO 通道由接口电路、D/A 转换器、放大器等组成，它将计算机计算出的控制量数字信号转换成模拟信号，然后再输出给执行机构（如电动机、电动阀门、电动风门等）；DO 通道包括接口电路、光耦合器等设备，它直接输出开关量信号或数字量信号，用来控制设备的启停或故障报警等。过程输入输出设备还必须通过自动化仪表才能够和生产过程（或被控对象）发生联系，这些仪表包括信号测量变送单元（传感器、变送器）和信号驱动单元（执行机构等）。监控点的输入、输出特性是多种多样的，但也有一定的规律性。

（3）人机接口设备

人机接口设备是用户与计算机控制系统的接口设备，包括操作员站、工程师站、历史数据站、计算站等。

（4）通信设备

通信设备是控制系统的计算机之间、设备之间、计算机与设备之间的通信网络，包括通信网卡、数据传输媒介（双绞线、同轴电缆或光纤）等。用于实现不同地理位置、不同功能计算机或设备之间的信息交换。

2.计算机控制系统的软件组成

楼宇自动化系统的核心就是软件平台，BAS（楼宇自动化系统）、BMS（楼宇管理系统）和 IBMS（智能化楼宇管理系统）都是靠各种管理软件实现各种各样的功能。常见的楼控系统管理软件包括 IBMS、BMS、组态软件、编程配置软件、本地编程配置软件、OPC 服务器和客户端、远程通告、能源管理。

（1）IBMS/BMS 系统软件

IBMS/BMS 系统软件是楼宇自动化系统的基础软件，用于管理和控制各种设备。它不仅能够有效地集成辖区内的智能建筑设备、子系统，还能有效地整合办公自动化、网络自动化信息系统，实现各个子系统之间的互联、互操，实现建筑控制网络与办公信息网络一体化。

IBMS/BMS 系统软件多采用开放的标准化平台，遵循现有的工业标准，强调系统的开放性；系统内嵌对各种协议的支持，针对其他子系统采用 OPC 标准进行通信；支持 Windows、Linux、Unix 多种操作系统。

（2）组态软件

借助组态软件，经授权的操作员可以通过直观、动态的彩色图形界面对建筑设备进行日常操作，远程用户可以通过 TCP/IP 监视和控制建筑设备。

（3）编程配置软件

编程配置软件的主要功能：管理控制网络、现场实时数据和多个工作站的通信；用于操作站编程和配置系统网络；构建楼控通信网络；集中配置 DDC 通道属性、通信参数；远程下载控制程序；绑定网络变量；提供数据转发服务，可以通过网络同时和多台计算机通信；导出配置信息。

（4）本地编程配置软件

通过本地现场配置软件工具，用户可以用手操器或笔记本电脑在现场操作和维护系统；当与现场控制设备连接时，工程师可以修改和下载控制程序。本地编程配置软件可以实现多种功能：用于笔记本电脑在现场编程和配置；发起 DDC 内部安装；监视 DDC 内部通信；现场配置 DDC 通道属性、通信参数；现场下载控制程序；记录宏命令，批量执行宏命令对 DDC 进行自动配置。

（5）OPC 服务器和客户端

基于 Windows 集成的构架，使用 OPC 组成 OPC 客户端，并在第三方工作站上组建 OPC 服务器。OPC 客户端和 OPC 服务器之间通过以太网协议实现通信。

（6）远程通告

远程通告允许将楼控系统软件警报和系统事件信息发布给各种不同的通告设备，如文字寻呼机、数字寻呼机、电子邮件和电话。

（7）能源管理

能源管理能够实现的功能：在宏观、微观水平上做出能量报告；存档、管理并查取大量数据信息；按日期和能源种类分类生成日常耗用量清单；提供报告期内能量耗用的总额；跟踪能量消耗并附有年月日的工作情况信息；利用历史数据分析、诊断并优化设备运作；租户账单；预算跟踪。

二、远程控制系统

远程控制系统相对于本地控制系统而言，主要指设置在远程监控中心端的设备，主要包括控制部分、显示部分、录像及存储部分。不同于本地控制系统，远程控制系统视频信号是通过网络传输过来的，其受带宽影响不可能处理所有的视频信息，故显示部分不能显示所有的摄像机图像，存储系统也不能存储所有的录像资料。

远程控制系统的控制部分不同于本地，主要是通过网络控制前端的摄像机、矩阵、硬盘录像机和编解码器等设备。常见的方式是通过安装在相应的硬件服务器的控制软件来实现。常见的控制软硬件包括视频管理主服务器、流媒体服务器、电视墙服务器、集中存储服务器、报警服务模块、Web 服务器、数据采集终端、前端监控端、主控终端、分控终端和远程用户等。

流媒体服务器提供多用户并发访问同一路视频的流媒体服务，可有效提高带宽的利用率；电视墙服务器用来在远程端构建一个传统的模拟电视墙或者数字电视墙；Web 服务器可以提供多标准的 Web 服务，用户通过浏览器即可远程访问监控系统的视频图像；数据采集终端用来远程采集前端的音视频信号，然后传送给远程中心；前端监控端、主控终端、分控终端都是用来监视整套系统运行效果的控制部分，只是授权不一样；远程用户是指用户通过远程的互联网就可以访问前端的音视频信号。

通过先进的控制软件能够实现传统的矩阵控制系统和电视墙一样的功能，即实现虚拟矩阵系统和电视墙显示系统。

远程控制中心的显示部分和传统的显示部分大同小异，也可以组成传统的模拟电视墙，或者新型的数字电视墙，或者大屏幕拼接系统。

受制于带宽，目前的远程控制中心尚无法做到把前端所有的摄像机音视频信号上传。远程控制中心的录像及存储要求没有本地系统那么严格，只需要将需要的摄像机视频（通常是报警联动或者手动设置录像）录制及保存即可，实现的方法同本地系统。

三、门禁系统

门禁系统，又称为出入管理控制系统，是安全防范管理系统的重要组成部分。门禁系统集自动识别技术和安全管理措施于一体，涉及电子、机械、生物识别、光学、计算机、控制、通信等技术，主要解决出入口安全防范管理的问题，实现对人、物的出入控制和管理功能。常见的门禁系统有独立式密码门禁系统、非接触卡式门禁系统和生物识别门禁系统，目前主流的门禁系统是非接触卡式门禁系统。

典型的联网门禁系统由门禁服务器、门禁管理软件、控制器、接口模块、读卡器、卡片、电锁、出门按钮、紧急玻璃破碎器和蜂鸣器等设备组成。

（一）门禁系统的组成

门禁系统由门禁点设备、门禁控制器、本地传输系统、门禁系统服务器、远程传输系统和中央管理系统组成。

1.门禁点设备

门禁点设备是指安装在门禁控制点的设备，主要包括读卡器、门锁、门磁、出门按钮、紧急玻璃破碎器、接口模块、逃生装置、闭门器、地弹簧、报警输入输出模块和报警探头等设备。

入口处的门禁点设备主要包括读卡器和门锁。读卡器的安装高度一般为1.2 米或与强电开关等高。锁的类型取决于门的类型，门的类型常见的是无框玻璃门（办公室应用最多）和木门。无框玻璃门适合采用电插锁和磁力锁，木门可采用的锁的类型比较多。

出口处的门禁点设备主要包括出门按钮、紧急玻璃破碎器、蜂鸣器、红外出门请求器和门禁接口模块、电源等设备。

（1）读卡器

常见的读卡器分为密码键盘、磁条读卡器、ID 卡读卡器、IC 卡读写器、指纹读卡器和掌纹读卡器等，在门禁系统中应用最多的是密码键盘、ID 卡读卡器、IC 卡读写器和指纹读卡器。

第一，密码键盘是最简单的门禁系统，不需要单独配置控制器，通过密码就可以打开门，可以外接门铃系统，但安全性较差。

第二，磁条读卡器多应用于银行的 ATM 提款机，可以识别各种磁条，在门禁系统中应用较少，目前也有卡式读卡器、集成磁条读卡器。

第三，ID 卡读卡器只能读不能写，分为带键盘和不带键盘两种。

第四，IC 卡读写器可以读写，可以应用于消费系统、公交系统、计费系统，也分为带键盘和不带键盘两种。

第五，指纹读卡器（也称为指纹仪）是采用生物识别技术的读卡器，主要采用指纹对持卡人进行识别。指纹读卡器多集成键盘或卡式读卡器（ID 和 IC 卡读卡器）或二者兼有，集成键盘和卡式读卡器的目的是实现识别唯一指定的持卡人（即输入的 ID 号或者卡号对应的持卡人）。指纹读卡器也可以输出标准的韦根格式信号，可以应用于门禁系统。

第六，掌纹读卡器（也称为掌纹仪）也是采用生物识别技术的读卡器，主要采用掌纹对持卡人进行识别。掌纹读卡器多集成键盘或卡式读卡器或二者兼有，集成键盘和卡式读卡器的目的是实现识别唯一指定的持卡人（即输入的 ID 号或者卡号对应的持卡人）。掌纹读卡器也可以输出标准的韦根格式信号，可以应用于门禁系统。

ID 卡读卡器、IC 卡读写器、指纹读卡器和掌纹读卡器应用于门禁系统均采用标准的韦根通信方式，遵循韦根的接线方式。

（2）门锁

门禁系统采用的门锁属于电控门锁类型。电控门锁按工作原理的不同，基本可分为电控磁力门锁、电控阴极门锁、电控阳极门锁和电控执手门锁等类型。

电控磁力门锁又称为电磁门吸锁，适用于各类平开门，可以是木门、金属门、玻璃门等。电控磁力门锁由电磁体（门锁主体结构部分）和衔铁两部分组成，通过对电磁体部分的通电控制实现对门开启的控制。其中电磁体部分安装在门框上，衔铁安装在门上，具体位置可根据需要确定，一般安装在门框处。电控磁力门锁根据受力方向不同，可分为直吸式磁力锁和剪力锁。电控磁力门锁按门的不同又可以分为标准型（单门磁力锁）、双门磁力锁和室外大门磁力锁。

电控阴极门锁又称为电控锁扣，适用于单门单向平开门，可以是木门、金属门、玻璃门等。电控阴极门锁可与逃生装置、插芯锁、筒型锁配套使用。电控阴极门锁安装在门框内，承担普通机械锁扣的角色，当电锁扣上锁时，锁舌扣在锁扣内，门关闭；当锁扣开锁时，锁舌可以自由出入锁扣，门打开。电控阴极门锁一般用于门禁系统，受门禁系统的控制，安装时受控的锁扣位于门框内，较容易布线。

电控门锁根据使用情况可以分为阳极锁、橱柜锁、电控插芯锁、电控筒型锁。电控门锁的基本原理是通过控制锁舌的伸缩，进行门的开关控制。根据使用要求，电控门锁有断电锁门和断电开门选项：断电门锁用于其他安全要求大于人身安全要求的场所；断电开门则用于把人身安全放在首位的场所。电控插芯锁和电控筒型锁的外观和普通锁一致，控制简单，适用于控制要求简单、外观要求高的场所，其外饰可根据需求改变。

（3）门磁

门磁是用来判断门的开关状态的一种设备，安装在门和门框上。门磁的核心元件是干簧管，通常每扇门都需要安装一对门磁，在实际应用中，很多锁具带有门磁信号功能，就不需要额外配置门磁了。

（4）出门按钮

准确地讲，应该称为出门请求设备，常见的包括：①出门按钮，标准底盒安装，安装高度和读卡器等高，属于开关型设备，按一下门就会被打开；②红外出门请求探测器，相当于一个红外探测器，当有人走进门（有效范围内），门就会自动打开，不需要手动操作。在双向门禁系统中，不需要采用出门请求设备。

（5）接口模块

在实际工程应用中，经常会采用 4、8、16 门甚至更多输入路数的门禁控制器，势必产生远距离传输的问题。同时，门禁点到控制器的线缆包括读卡器的 6 芯线、电锁控制线 2 芯、出门按钮控制线 2 芯，这么多线缆接到控制器上，浪费了大量的线缆，增加了管路负担。有了接线模块，1 根 485 总线可以连接 32 个读卡器，所有门禁点的线缆也可以直接接到接口模块上，节省了成本，方便了施工人员。

（6）逃生装置

逃生装置适用于木门、金属门、有框玻璃门等疏散门（逃生门）和防火门。要求在火灾及各种紧急情况下，保障建筑物内的大量人群能够迅速、安全逃离，一个动作即可逃出门外，使用者不需要有逃生装置的使用经验即可开启。逃生装置通常由锁舌、推杠（或压杠）和门外配件 3 个基本部分组成。最常使用的逃生装置被称为消防通道锁。

（7）闭门器和地弹簧

闭门器和地弹簧在门禁系统中有着重要的作用，但经常被大家忽视，门禁系统能否稳定地运行，要看门能不能正常、良好地被关闭。

闭门器一般安装在单向开启的平开门扇上部，适用于木、金属等材质的疏散门、防火门和有较高使用要求的场所。闭门器由金属弹簧、液压阻尼器组合而成，有齿轮齿条式闭门器和凸轮结构闭门器两种。推荐选用质量可靠的闭门器用于门禁系统。

地弹簧适用于单向及双向开启的平开门扇下，也可视情况安装在门扇上边框。地弹簧可以分为单缸型、双缸型，或者地装式、顶装式，或者单项开启式、双向开启式。玻璃门选用的地弹簧应与玻璃门夹或玻璃门条配套安装，其配套门夹的选取应保证地弹簧轴与门夹、门条轴相匹配。地弹簧能否准确归位将直接影响门禁的使用效果，推荐配套使用磁力锁。

（8）报警设备

目前大多数的门禁系统可以集成报警功能，即可接入报警设备，主流的门禁控制器均能够提供一定数量的报警探测器输入端口和报警输出端口。有的门禁系统同时支持报警扩展模块，以增加报警输入输出端口。

2.门禁控制器

门禁控制器是门禁系统中的核心设备，用来连接读卡器和门禁系统服务器，起到桥梁的作用。门禁控制器能够连接的门禁点设备包括读卡器、锁具、门磁、出门按钮、蜂鸣器、紧急玻璃破碎器、接口模块、逃生装置和报警探测器。门禁控制器的主要参数包括内存、持卡人、门禁事件、开门方式、集群、防反传、报警联动、工作电压和数据安全。

（1）内存

门禁系统使用的内存类型主要包括 ROM、RAM、EPROM 和 SDRAM。ROM 是只读存储器，系统程序固化在其中，用户不可更改，失电不受影响，在门禁控制器中用于写入门禁程序；RAM 是随机存储器，可以对存放其中的数据进行修改和存取，在门禁系统中应用较多的是 CMOS 型的，耗电很少，通常用锂电池做后备，失电时也不会丢失程序和数据；EPROM 是可擦可编程只读存储器，这是一种具有可擦除功能，擦除后即可进行再编程的 ROM 内存，在门禁系统中应用较多；SDRAM 是同步动态随机存储器，SDRAM 将 CPU 与RAM 通过一个相同的时钟锁在一起，使 RAM 和 CPU 能够共享一个时钟周期，以相同的速度同步工作，SDRAM 也是门禁系统中应用较多的内存类型之一。

内存的大小决定了一个控制器能够存储的持卡人和读卡记录的数量，持卡人数量和读卡记录数量是动态分配的，总数量有限制。

（2）持卡人

持卡人最早应用于银行系统，指拥有银行卡的人。在门禁系统出现到发展的过程中，主流的应用都是基于卡和人，故称为持卡人。门禁权限可以通过卡、PIN 码或者指纹等来实现，拥有门禁权限也不代表就持卡。常见的持卡人类型包括职员和访客两种，职员是指全职员工或者拥有长期门禁权限的相关人员，而访客是指拥有一个时间段门禁权限的外来人员。

（3）门禁事件

事件是门禁系统中一个相当重要的功能，很多门禁系统的应用都是基于事件的。典型的事件包括刷卡、日期/事件变更、报警、数据修改等。每一个发生在门禁系统的动作或由系统产生的动作都可以被认为是一个事件，这些动作可以被编程来产生一些由报告命令调用的报告。一个动作、条件或者发生在门禁系统中的事情都可以被保存在事件数据库中。事件可以被用来触发各种辅助输出（如继电器），当特定系统事件发生时，能触发相应的动作。事件发生后形成事件日志，包括事件发生的时间、地点及其他信息。

（4）开门方式

读卡器种类繁多，有键盘式读卡器、卡式读卡器、生物识别读卡器等，这些种类繁多的功能集成在一个读写器上时，就可以产生多种开门方式，如密码开门、卡开门、密码＋卡开门、指纹开门、卡＋指纹开门、指纹＋密码开门、卡＋指纹＋密码开门等。

（5）集群和防反传

被编在一个或多个组中的控制器被称为一个集群。集群是用户定义的分组方式，可连接多个控制器，不同厂家的数量不一样，一般最大可支持16个控制器。每个集群配备一个通信路径控制器，作为集群和主机之间的主连接，这个控制器能够在主控制器发生故障或失去网络通信能力时提供一个替代的通信路径。主控制器和其他控制器没有质的区别，只是在占用附加内存的可能性方面有所差异。主控制器在集群中比其他控制器需要更多的内存，建议主控制器的内存配置比其他控制器高一些。

群组中的组员控制器不直接和主机进行通信，而是通过主控制器进行。组员控制器根据需要，能够通过主控制器和其他组员控制器直接通信，以进行输入/输出事件链接和反潜回控制。群组内的通信通过以太网上的 TCP/IP 协议进行。当指定的主控制器发生故障时，可以指定另一台控制器作为主控制器。

采用集群能够实现强大的内部全局反潜回功能，通常的情况是集群内的控制器之间的持卡人反潜回状态可以实现共享。全局反潜回功能能够在集群中的任何一台控制器上设置带有门禁的区域，将一台设备分区以跟踪持卡人的位置。反潜回的违规行为包括某一持卡人把一张卡交给另外一个人使用（系统接收到来自同一张卡的两个访问请求）和一个持卡人跟随另一个持卡人进入某一区域的尾随行为。当一个人在指定的期间内试图不止一次访问同一区域时，便称为反潜回的期间违规行为。

（6）报警联动

大多数的门禁系统能够实现报警联动功能，通常情况下，门禁控制器本身自带有一定数量的报警输入端口和报警输出端口，有的控制器支持防区扩展模块进行扩容，以增加输入、输出数量，有的门禁系统甚至是基于报警系统开发的，能够实现更加强大的报警功能。

通过门禁控制器支持的报警输入、输出接口，能够实现报警联动功能，当报警探测器被触发，门禁系统可通过预先设置的规则或事件进行联动，如打开门、关闭门、调用监控录像、联动报警设备等。有的门禁系统支持通过门禁服务器的 RS232 接口或者接口程序接收第三方报警系统的报警信号，属于更高级的报警联动。

（7）工作电压

门禁系统中的主要用电设备包括门禁服务器、门禁控制器、读卡器和电锁。门禁服务器和门禁控制器通常的工作电压是交流 220V，有的门禁控制器的工作电压可以是交流 24V 或者直流 12V；读卡器和电锁通常的工作电压为直流 12V。需要注意的是，读卡器需要比较小的电流，但电锁的工作电流通常在 1A 左右，故需要为每道门配置单独的开关电源或者大功率直流 12V 电源，建议每道门配置的电源功率在 60W 左右。

（8）数据安全

越来越多的门禁系统支持局域网、广域网传输，使得门禁系统的数据暴露在网络之上，而门禁系统的数据一般是没有通过加密传输的，很容易被黑客获取到，故需要将门禁控制器和门禁服务器之间的传输数据进行加密，增加数据的安全性。

3.本地传输系统

本地传输系统相对远程传输系统而言，如果门禁服务器设在本地，则本地传输系统包括读卡器端到门禁控制器的传输线路、门禁控制器到门禁服务器的传输线路；如果门禁服务器设在异地（远程），则本地传输系统主要指读卡器端到门禁控制器的传输线路。本地传输系统的线路包括控制线、电源线和信号线。

（1）控制线

控制线包括门禁服务器到门禁控制器的控制线路、门禁控制器到读卡器的控制线路。一般门禁服务器之间通过局域网/广域网/互联网相连，如果门禁控制器属于网络型，则控制线路也采用局域网或者广域网相连。

（2）电源线

门禁系统的供电相对简单，门禁服务器、门禁控制器大多工作在220VAC或者24VAC下，采用RVV 3×1.0以上规格线缆即可；读卡器端设备多工作在12VDC电压下，采用RVV 2×0.75以上规格线缆供电即可。

（3）信号线

信号线主要包括门锁、门磁、出门按钮、紧急玻璃破碎器、报警设备和控制设备的连线。门锁属于有源设备，故需要2芯的电源线和2芯的控制线，门锁一般和门禁控制器或者接口模块相连接，距离较近，故对线缆没有特别的要求，非屏蔽线缆即可满足要求。门磁属于无源设备，主要用于判断门的开合状态，采用2芯非屏蔽线缆即可，有的电锁带有门信号功能，则不需要单独建设门磁，但信号线不能省却。出门按钮和门磁一样，采用2芯非屏蔽线缆即可。紧急玻璃破碎器用于直接控制电锁的开关，距离很近，采用2芯非屏蔽线缆即可。

4.门禁系统服务器

门禁系统服务器（在国内称为一卡通系统服务器）是门禁系统的核心，而门禁系统的大部分功能就是通过门禁系统服务器实现的。门禁系统服务器可以理解为安装有一套或多套（通常是多个模块）门禁软件的计算机服务器。国内的门禁系统服务器和国外的不太一样，主要区别在于门禁系统服务器的功能和架构。

相对于消费系统，国内的办公场所比较集中，多设有公共餐厅，小区设有会所，工厂会设置员工餐厅，而这些都需要复杂的消费系统来实现。国外的信用卡系统比较成熟，很少单独采用智能卡进行计费，故功能开发相对简单。停车场管理子系统更是一个典型的体现中国特色的门禁系统应用，在国外很少有大量车辆集中管理的需要，故门禁系统多不集成车辆管理功能，而国内的车辆数量和集中度都较国外高，故停车场管理系统是多数门禁系统建设必要的一部分，尤其是小区、大厦的停车场。

门禁系统管理软件需要运行在一定的软硬件平台之上，常见的门禁系统支持的操作系统有 Windows 系统（操作简单，稳定性相对要差）、Linux 系统（操作复杂，稳定性较好）和 Unix 系统（操作和配置非常复杂，但稳定性最好），应用最多的操作系统还是 Windows 和 Linux。很多门禁系统都自带有专用数据库，不需要单独购买。也有门禁系统运行在 SQLServer、MySQL 等数据库之上，需要单独配置。选定了操作系统和数据库，就可以配置门禁系统硬件服务器了，应尽可能选用专业级的服务器，前提是能够运行所需要的操作系统和数据库。

门禁管理软件运行在一台或者多台计算机服务器之上，能够实现双机热备，向上通过远程传输系统和中央管理系统连接，向下通过本地传输系统和门禁控制器相连接。

网络型门禁控制器可通过网络直接与门禁服务器相连接，不受传输距离的限制，是门禁系统的一个发展趋势，在全球联网应用中被采用的频率尤其高。

5.远程传输系统

远程传输系统相对本地传输系统而言，在门禁系统应用中，当门禁服务器和门禁控制器分处异地或者门禁系统拥有中央管理系统的情况下，需要进行远程传输，典型应用于跨国企业的全球门禁联网系统或国内大型公司的跨区域门禁系统中。远程传输系统大多通过互联网或者企业的内部专网实现连接，如果在公网上传输门禁数据，则需要建立企业自己的虚拟专用网络（VPN）或者对门禁系统数据传送进行加密。

（二）门禁系统的集成联动

1.监控集成联动

门禁系统和监控系统的集成联动有两种实现方式：一种是和矩阵控制系统相集成；另一种是和硬盘录像机相集成。采用和矩阵控制主机集成的方式，门禁服务器多通过 RS232 口直接和矩阵相连接，在门禁系统中写入矩阵的所有命令，通过 ASCII 码进行各种通信和控制，通过在门禁服务器中内置的视频卡可以调用监控系统的图像。采用硬盘录像机联动监控系统是一种更高级的方法，通过网络就可以连接。通常情况下门禁系统会支持固定厂家的硬盘录像机，可以实现图像的调用、切换和控制。当门禁点发生报警，可以录制一段录像或抓屏截图，使门禁系统的管理更加直观和人性化。

2.报警集成联动

报警系统的集成相对而言要简单一些，大部分门禁控制器都自带一定数量的报警输入和输出接口。有的门禁系统可以通过报警输入模块和报警输出模块进行扩容，可支持一定数量的报警输入输出信号；而有的门禁系统就是在报警主机的基础上开发的，报警集成功能更加强大，甚至配有布撤防的操作键盘，就像入侵报警系统一样。

门禁系统可支持各种类型的报警探测器，如门磁、红外双鉴探测器、紧急按钮和烟感探测器等。当报警探测器被触发时，门禁系统可作为一个事件触发其他的控制，如关闭所有的门或打开所有的门，并给予报警提示，可以是文本信息、手机信息、电子地图显示等。

四、智能停车系统

停车场管理系统由控制中心、打印机、智能卡发行器、转换器、出入口控制机、自动发卡机/自动吞卡机、智能卡读写器、全自动道闸、车辆检测器、中文电子显示屏、语音提示、对讲系统、视频卡和出入口摄像机等组成。

第一，控制中心。控制中心是停车场管理系统的中枢，是一台安装有停车场管理软件、图像对比软件、数据库软件和视频卡的计算机（或服务器），它负责运行管理软件，完成系统管理、收费处理、报表统计、参数设置等工作，运行图像处理软件，完成车辆图像抓拍、视频监控、图片对比等工作。

控制中心必须选用质量可靠的计算机，有的管理软件有加密狗，需要选用支持加密狗的计算机。如果控制电脑就近放置在出入口岗亭，建议配置 CRT 显示器，因为 CRT 显示器的亮度和视角要好过 LCD 显示器。

第二，打印机。打印机用来打印各种报表，属于系统必选的设备。如果是大型联网停车场管理系统，配置一台打印机就可以了。通常情况下选用针式打印机，也可以选用激光打印机或者其他类型的打印机，并没有特殊的限制。

第三，智能卡发行器。智能卡发行器又被用作临时卡发行器，与门禁系统中使用的卡式读卡器原理相同，主要由微控制处理器、RS232/RS485 通信收发模块天线、读卡器和电源模块组成，可以直接和电脑相连接。主要功能特点有：①读卡距离为 10 cm 以内；②通信接口多为 RS485；③负责停车场管理系统智能卡的授权发行；④停车场系统的临时卡收费；⑤上、下班换班登记、考勤；⑥与电脑实时通信。

第四，RS485 转换器。停车场管理系统中的出入口控制机是不能直接和电脑进行通信的，出入口控制机多为 RS485 总线连接型，与管理计算机相连接需要依靠 RS232 转 RS485 转换器。

第五，出入口控制机。出入口控制机是停车场管理系统中的核心设备，基本设备包括控制机箱（含停车场管理主控板）和读卡器，可选的设备包括中文电子显示屏、满位显示屏、语音提示报价器、对讲系统，入口控制机选配自动出卡机、出口控制机选配自动吞卡机。

第六，自动发卡机/自动吞卡机。自动发卡机又称临时卡发卡机，用于临时停车者或访客取卡进场。泊车者驾车至入口控制机前，数字车辆检测器自动检测车辆的存在，泊车者按键取卡（凭车取卡、一车一卡）入场。自动出卡机可以实现出卡的同时读卡的功能，还可以防止临时卡被盗，如业主刷卡后不可取临时卡、取了临时卡后业主卡不能再次刷卡，有效防止车辆被盗和保证车辆安全，实现一车一卡功能。

自动吞卡机又称自动收卡机，在停车场管理系统中应用较少。因为临时卡多存在收费的问题，需要手动收费，不能够实现自动收费，所以在收费的同时手动刷卡就是一种更加合理的方式。当然也可以采用自动吞卡机，人工完成收费工作即可。自动吞卡机原理和自动发卡机相似，在吞卡的同时可以实现刷卡计费功能。

第七，智能卡读写器。智能卡读写器主要安装在出入口控制机中，与门禁系统中的读卡器原理完全相同，适用于停车场管理系统的读写器包括 ID 卡读卡器和 IC 卡读写器。在远距离停车场管理系统中，采用特制的远距离 RFID 读写器。

第八，全自动道闸。全自动道闸是指通过出入口控制机控制的通道阻挡放行设备，安装在停车场的出入口处，离控制机 3 m 左右，可分为入口自动道闸和出口自动道闸，由控制机箱、电动机、离合器、机械传动装置（齿轮或者皮带传送）、电子控制和闸杆等设备组成。

第九，车辆检测器。车辆检测器俗称地感线圈，由一组环绕线圈和电流感应数字电路板组成，与道闸或控制机配合使用。线圈埋于闸杆前后地下 20 cm 处，只要路面上有车辆经过，线圈就产生感应电流信号，并经过车辆检测器处理后发出控制信号给控制机或道闸。闸杆前的检测器是输给主机工作状态的信号，闸杆后的检测器实际上与电动闸杆连在一起，当车辆经过时起防砸功能。

第十，中文电子显示屏。中文电子显示屏多采用 LED 技术（发光二极管技术），满位显示屏也采用 LED 技术。在停车场管理系统中采用的 LED 屏为高亮度的、点阵式的显示屏，在户外阳光下，可清晰地显示各种文字信息和部分图片信息，主要用来显示各种欢迎信息、提示信息、收费信息、天气预报和物业管理等信息。

第十一，语音提示。语音提示配合中文电子显示屏使用，提供语音提示信息，在用户刷卡时给予温馨的问候（如"欢迎光临"）或者使用提示（如"请刷卡"），同时向用户提供停车时间和缴费金额等信息，以提高系统的服务质量，提供全方位服务。

第十二，对讲系统。对讲系统安装在出入控制机上面，属于可选设备，用于司机和停车场服务人员之间的通话，用户可以通过对讲系统询问相关的问题，服务人员给予相关的提示信息、指导和沟通。对讲设备多选用成熟的第三方产品，而不是停车场厂家自己研发集成的。

第十三，视频卡。视频卡和 PC 式硬盘录像机中的视频处理卡是同一种产品，需要单独购买（由停车场管理系统厂家提供）。通常可处理两路图像：一路用于入口摄像机图像信息的处理；另一路用于出口摄像机图像信息的处理。通常停车场系统中使用的视频卡是 PCI 或其他接口，可以直接插入停车场管理计算机的主板上，由停车场管理系统的图像抓拍软件来处理所有的图像。

第十四，出入口摄像机。出入口采用的摄像机和闭路监控电视系统中的摄像机是一样的，在停车场管理系统中需要配置固定摄像机、镜头、防护罩、支架、立杆和聚光灯（主要提供夜间照明或昏暗环境下的照明）。摄像机推荐选用低照度、带强光抑制的道路监控专用摄像机，这样抓拍的图像才够清晰；镜头推荐选用广角镜头（焦距不大于 2.8 mm）。

五、语音通信系统

体育场馆中语音通信服务系统包括固定电话服务系统、移动通信服务系统、无线对讲通信服务系统、无线上网服务系统和无线头戴指挥系统。

（一）固定电话服务系统

固定电话服务系统是体育赛事的组织管理、竞赛管理、日常办公的基本通信手段。为满足赛事组织要求，固定电话服务系统应具备如下功能：

第一，固定电话接入服务，具有国际和国内点播等常规功能。

第二，ADSL 服务，具有电话与上网共用一线的特点。

第三，提供 IP 电话、IC 电话、电话卡等公共服务。

第四，在固定电话网上，可提供必要的固定程控功能。

（二）移动通信服务系统

移动通信也是体育场馆日常办公管理、体育赛事组织管理等灵活方便的通信方式，能为工作人员、赛事、观众提供移动电话、短消息与无线上网等服务。

（三）无线对讲通信服务系统

无线对讲通信专网服务系统是对常规固定电话和移动通信服务方式的补

充，独立于公众通信网，具有公众通信网所不具备的信道独占的特点，具有快捷、简便、经济的优势。特别是考虑到竞赛组织管理的特殊性，无线对讲通信专网在运动会信息系统调试及运行期间，是场馆范围内即时通信的最佳选择；可应用于竞赛信息系统建设及运行期间的场馆综合布线、线路验收、软件系统现场调测、现场网络维护、紧急情况处理等方面；为运动会竞赛管理、比赛过程控制、应急联络等提供了更加灵活的通信手段；为开闭幕式、竞赛的组织运转、技术系统的联调和运行、组委会调用车辆指挥提供了不可替代的通信手段。

无线对讲通信系统具有以下特点：

第一，申请多频点的有限范围内集群通信服务。

第二，特定环境不同工作群体不同频段的区域通信服务。

第三，开闭幕式、竞赛管理与比赛过程中方便灵活的通信方式。

第四，野外比赛项目必备的无线通信手段。

第五，组委会调用车辆的调度指挥通信手段。

（四）无线上网服务系统

随着无线通信技术的不断发展，无线上网更多地在日常工作和生活中被广泛应用。为大型体育赛事的全部比赛场馆和重要信息服务场所提供的无线上网信息查询服务，是对现场计算机通信的补充形式，在当今大型运动会上得到普遍使用。目前的笔记本电脑全部具备无线上网功能，这样记者或者其他工作人员在场馆的应用点便可以获取运动会的各类信息，给使用者提供了方便的应用环境和条件。

无线上网服务范围包括：①各场馆内公共区和记者席位、信息查询室；②新闻中心、记者驻地公共区域等；③竞赛区和技术操作区。

（五）无线头戴指挥系统

无线头戴指挥系统是以无线耳麦设备为基础建立的综合指挥系统。系统采用无线接收技术，由发射端和接收装置及调度平台组成。前台的无线耳麦分为三个部分：发声源、接受器和耳机部分，其功能主要是用来将手机或接收器传送来的信号转化为声音再传到人的耳朵里。后台的调度中心把各部门的语音信息进行同步或异步传输，并及时提高突发事件优先级。在体育场馆赛事组织中，调度指挥系统为各相关单位提供了交流沟通场景和便捷的指挥调度操作场景，指挥系统可随时解决赛事运转中的突发事件和掌握赛事进程。

第三节　物联网技术在智慧体育
场馆中的应用

随着各类新型应用场景的兴起、互联网技术的发展，以及传统行业的信息化转变，我国十分重视物联网产业的发展，将其视为战略性新兴产业予以重点关注和推进。物联网技术的飞速发展将智慧体育场馆的理念与建设提升到一个新的水平。智慧体育场馆是实现体育场馆设计、建设、营销、管理和服务等方面智慧化升级的区域空间、发展过程和实践模式。物联网技术将各种智能软硬件应用到体育赛事领域，能够提高体育场馆的智能化服务水平，不仅有助于提高传统体育场馆的管理效率，还可以降低场地综合运营成本，有助于提高体育场馆利用率，为国民提供更优质的服务，更好地推动全民运动。

物联网技术的应用可以打造出高质量的智慧体育场馆。以西安奥体中心建筑群为例，在建设过程中，建设者深入调研了国内外100多个规模较大的现代化体育场馆，利用物联网、5G、大数据等技术设计并安装了六大智能化系统，将奥体中心打造成了一个现代化的智慧体育场馆。场馆采用了5G技术、智慧交通管理平台、智能照明路灯控制系统、人脸识别、实时自动监控建筑能耗管理平台、智能机器人互动助手以及 AR、VR 在线交互平台等先进技术。上述高科技元素全面服务于大型赛事举办、观众观赛、智慧场馆运营、周边环境监测，用科技引领高品质赛事的组织与运行。

一、智慧安防

安全问题是每个公共场馆和区域都会面临的重大问题，一套完善的安防监控管理系统对现代化的体育场馆来说至关重要，是确保参赛运动员、观众和工作人员人身财产、信息安全的重要手段。传统的视频监控系统只能做到对视频数据进行收集，大多数的研判和报警是需要人工操作的。

物联网技术的快速发展在传统视频监控技术上增加了生物感知、运动检测、实时分析处理报警等技术。运用物联网技术通过摄像头采集并分析数据，实现对体育场馆的 24 小时安全监控、门禁管理、电子巡更、报警处理等操作，发挥防火、防灾、防盗等功能，显著地解放了人力，形成了高效、节能、环保的一体化模式。

二、智能管理

物联网技术在智慧体育场馆管理中的应用包括场馆训练、机械设备、基础设施的实时管理与控制，电力负载监控、电梯、灯光等设备的控制，馆内交通管理、馆内环境管理等。

以场馆环境管理为例，体育场馆的面积普遍较大，如何全方位地监控场馆内外的环境以更好地安排体育活动是一大挑战。物联网技术可以通过各类传感器及时有效地收集各场馆的状态数据，形成分析和决策报告。基于上述报告，通过智能软硬件的解决方案，当场景温度、湿度等条件不理想时，系统会自动介入，启动相关设备使场馆内的温度、湿度等环境条件保持在适合开展体育活动的范围内。

对场馆训练管理来说，利用物联网智能可穿戴设备，可以在训练和比赛中实时、准确地将参赛运动员的各项生理数据传输到数据库中，运动员可以根据这些信息对体育活动进行合适的调整，进而改善不标准的动作，提高训练效果，预防身体损伤，保持最佳的运动状态来迎接比赛。在器材管理方面，利用 RFID 技术和无线传感器网络可以实现对体育器材及机械设备全程化的智能管理，如器材和设备的分发、使用、跟踪等。

三、智慧赛事

智慧赛事是指以运动竞赛为中心的一系列信息化活动，涉及文化、经济多种因素。随着信息、网络、物联网技术的变革和发展，现代化技术与传统体育赛事相互渗透，极大地提高了体育赛事的智能化程度，两者呈现螺旋式向上的发展趋势。

四、商业模式

传统上，体育场馆的商业模式主要以竞争为主要形式，随着信息技术产业的发展，内容共享成为新的趋势，催生了新的商业生态。商业生态是由众多大型、松散的网络联合成的一个整体。大数据时代，智慧体育场所生成并存储了海量的运动数据。在上述商业生态中，大数据将各类人群进行细分，能够为体育行业提供细分市场，促进体育行业转型升级，促进区域性经济协调发展。通过兴建物联网智慧体育场馆，省际范围内每年可以举办上百场体育赛事和各种活动，显著提高了资源利用率和增强盈利效果，能够对周边经济的发展起到积极的推动作用。此外，智慧场馆的建设与使用也对智慧城市的建设有直接或间接的积极影响。

信息技术的发展使人类的生产生活发生了翻天覆地的变化。传统体育场馆向信息化、智能化体育场馆发展是大势所趋，将物联网技术以及其他网络通信技术与传统体育场馆深度融合，构建智慧体育场馆，不只是硬件设施的智能化升级，更应该在提高管理效率和服务质量方面下功夫，在智能化程度上进行提高。此外，传统体育场馆的信息化、智能化转型还需要政府相关部门的政策支持，通过构建规范化的标准体系，加快物联网技术与智慧体育场馆相结合的步伐，建设相关企业与政府之间的沟通平台，实现信息共享与决策支持，为相关产业和用户提供更好的服务。

第四节　人工智能赋能智慧体育场馆的转型应用

一、人工智能赋能体育场馆智慧化的特征

相较于传统体育场馆过多关注物理空间的特点，人工智能赋能体育场馆的智慧化转型则更加注重馆内的环境设施、服务细节和管理方式，从而实现建筑、服务和管理多维度的智慧化升级。

（一）体育场馆建筑的智慧化

1.规划设计科学化

人工智能赋能体育场馆的智慧化转型在前期规划设计之时就要从绿色化、系统化和多功能等角度科学谋划赛后的资源利用问题。首先，人工智能赋能下的智慧体育场馆需要先对场馆的设计方案做绿色评估，初步对其进行模拟分析，从而确保赛时、赛后运营的低碳化。其次，人工智能赋能下的智慧体育场馆在规划设计时需要与城市社区的整体规划相协调。系统化的科学布局不仅能

够有效协调体育场馆与外部环境之间的关系，还能使体育场馆成为聚集城市人气、拉动周边商业发展的主要载体。最后，人工智能赋能下的智慧体育场馆在设计初期就要考虑场馆的综合功能拓展。除满足体育竞赛的基本需求，还应兼具全民健身、企业展览和文艺演出等作用。

2.建设实施生态化

人工智能赋能体育场馆智慧化转型主要从利用高新技术对旧场馆进行改造，以及利用节能环保技术新建场馆两方面着手。作为冬奥会主要比赛场馆的国家游泳中心利用人工智能相关技术，在游泳池里架空结构，进行转换，将原来的游泳池区域成功转换成冰壶场地，成为世界首个"冰水转换"场馆，极大地节约了建设成本。同时，场馆将原有的玻璃幕墙升级改造为高科技仿冰玻璃墙，利用声光电技术打造出"最美的冰"，除了通过自然采光减少能源消耗，还能过滤掉其中的红外线，减少热效应的影响。而作为北京赛区利用全数字仿真、工厂化预制和现场化组装方式新建的体育竞赛场馆——国家速滑馆，在建设时就利用人工智能相关科技对施工材料用量进行模拟优化，优先使用可循环利用的材料，实现了建筑材料的绿色环保，用钢量仅为鸟巢的四分之一。

3.运营过程低碳化

目前，大多数智慧体育场馆建筑内均安装了包含能源管理平台、能源计量平台和移动运维平台在内的能源管控系统。该系统可展示整个场馆的基本运行信息，同时利用人工智能、物联网等技术对场馆内的水、电、气、热等能耗数据进行实时采集、记录和分析，实现可视化建筑能耗监测管理，从而通过优化资源配置实现场馆的绿色低碳运营。部分冬奥会智慧体育场馆则加装了制冰余热回收系统，回收余热用于运动员生活热水、融冰池融冰和冰面维护浇冰等能源需求，可节省电量。此外，智慧体育场馆中以"渗、滞、蓄、净、用、排"为核心的"智慧海绵设计"减缓了水土流失，实现了场馆水资源的高效利用、

（二）体育场馆服务的智慧化

1.基础服务高效化

门禁服务方面，依托人脸识别、精准用户画像和 5G 等技术支持，轻松实现多重身份的无感验证，从而有效增强消费者的科技体验。

导航服务方面，智慧体育场馆可以应用精准定位导航、人工智能和 AR 等技术实现售票系统与座位检测器的全息互联，方便消费者快速预订、精准查找座位，同时提供 3D 自动导航导览服务，以及体育场馆内洗手间、餐厅、商店及其他服务设施的相关信息。

环境服务方面，智慧体育场馆可以通过环境感应器实时获取温度、湿度、亮度、空气质量等方面的数据，在对人工智能、物联网等技术进行分析判断的基础上智能调控空调、照明、排气、净化等设备的运行状态，既有效节约了运营能耗，又确保了场馆良好的服务环境。

安全应急方面，人工智能赋能的智慧体育场馆可以通过感应设备及时发现设施和人员的突发、异常和紧急状况，自动启动应急响应处理方案，从而保障消费者的人身安全和场馆的财产安全。

2.核心服务个性化

智慧体育场馆的核心服务个性化主要是指利用人工智能、大数据和物联网等技术改变传统的"一刀切"模式，实现体育服务的精准化供给。首先，人工智能赋能下的智慧体育场馆可以对体育消费数据进行提前采集、存储和分析，从而获取和预测消费者的消费习惯和消费偏好，做到提前组织服务，将服务后置转变为服务前置。其次，智慧体育场馆可以依托 5G、人工智能、云计算等技术推广多元化的服务方法，为体育消费者营造良好的服务场景和体验。就当前消费者的消费动机而言，大量消费者不甘于只做服务和产品的接受者，更愿意加入服务和产品的创新、设计和制作等过程，与场馆共创价值。最后，人工智能赋能的智慧体育场馆可以实现体育服务的实时评价，让消费者自由表达个人的消费体验和后续需求，倒逼场馆方更好地为消费者提供个性化的体育服务。

3.拓展服务泛在化

拓展服务泛在化是指智慧体育场馆将通过人工智能、大数据和物联网等技术突破传统场馆的物理限制,实现从传统阵地服务到新型延伸服务的泛在化转变。首先,随着服务模式的多元化和服务场景的数据化,人工智能赋能的体育场馆可以将部分基础性服务转移给智慧化工具,新增健康知识宣传、体育文化传播和健身服务咨询等内容,逐渐形成多层级的立体化服务。其次,人工智能、云计算和 5G 技术的高速率、低延迟及良好的网络兼容性可以支持海量视频资源的同步传输,为体育场馆在虚拟空间同步进行在线健身服务、赛事直播活动等新业态提供重要的技术支持,从多个应用层面推动体育场馆不断地拓展服务内容、深化服务层次。最后,人工智能赋能的智慧体育场馆可以更好地服务特殊人群。通过安装在无障碍设施上的智慧感应器进行实时监测,利用盲文标记、智能语音导航等引导特殊人群正确使用无障碍设施,为其提供更为人性化的帮助和关爱。

(三)体育场馆管理的智慧化

1.人员管理轻量化

人工智能赋能体育场馆智慧化转型将有效精简管理人员,实现场馆的轻量化管理,从而降低运营成本,提升运营效率。高效的票务管理是大型体育赛事和活动成功举办的重要保障。智慧票务综合管理系统可以运用多源数据沉淀,实现核心资源的去中心化存储和共享,从而提供一站式的票务管理综合解决方案(包括票源、票价、验票和复核等)。

2.数据管理可行化

智慧体育场馆可以在人工智能、互联网、大数据等技术的引领和驱动下,主动改变以人和物为中心的传统管理模式,积极向以数据为中心的立体化系统管理方式转变。具体而言,就是融合人工智能、大数据和云计算等智慧高新技术,实现票务管理系统、订场管理系统、资源租售系统和后勤管理系统等一站式的数据管理,从而有效解决传统体育场馆在预算管理、服务管理、分配管理和人事管理等方面的弊端。与此同时，人工智能赋能下的智慧体育场馆的数据管理将有力拓宽信息资源的获取渠道，改变传统体育赛事传播、体育健身服务等内容的存在形式，实现对体育场馆无形资产价值的进一步开发。届时，智慧化转型的体育场馆管理将更加高效，运营将更加科学，从而能有效控制成本，提升盈利能力。

3.外部管理协同化

第一，在数字孪生与人工智能等技术的助推下，智慧体育场馆的实体或虚拟空间中将会出现接待机器人、陪练机器人、火炬机器人和拍照机器人等不同类型的智能机器人，它们将与场馆内的智能设备实现高度融合协同，提供实时智能咨询、定位导航、智慧流通和个性陪练等服务。

第二，体育场馆的智慧化转型可以实现与其他场馆的协同管理。可以将区域内所有场馆的规模、设施、使用费用及运营动态等信息通过网络平台实现共享。人工智能赋能的智慧体育场馆可以通过实时联网实现信息资源的互联共享，从而真正达到区域内场馆的协同管理。

第三，智慧体育场馆可以与城市的外部管理有效融合，利用人工智能等技术直接与城市的各部门进行信息流通和交换，不仅使其他政府部门可以实时获取场馆的相关信息，也为社会企业、民间组织和公众获取数据打开了技术通道。

二、人工智能赋能体育场馆智慧化转型的路径

（一）制定标准化体系

规范化是一个行业发展的根本，标准体系的建立则是一个行业成熟的标志。因此，要想持续有效推动人工智能赋能体育场馆的智慧化转型，政府必须在已有政策基础上加强顶层设计，加快制定智慧体育场馆的发展规划、准入门槛和服务标准等相关法规和制度。

同时，要突出场馆"以人为本"的人文理念，通过需求端标准体系的制定让科技更好地服务体育消费者。此外，要建立配套且行之有效的监管评估机构，强化人工智能赋能下智慧体育场馆制度体系建设的持续性和系统性，以标准规范运行促进供给端和需求端的智慧化转型。

（二）实施差异化发展

政府主管的大型体育场馆一般拥有良好的财政和技术支持，而中小型体育场馆则根据所属地域的不同在功能定位、管理机制、社会责任和资金来源等方面存在较大差异。因此，应建立强大的安全技术屏障，防止不法分子入侵数据平台分析系统，有效避免场馆消费者相关数据的泄露。此外，还需加强对消费人群的技术关怀，特别是老人、残障人群等弱势群体依然面临着数字鸿沟问题，需要社会给予他们更多的数字帮扶，从而实现场馆"技术"与"人文"双轮驱动的智慧化升级。

不同类型的体育场馆应该采取差异化的人工智能赋能模式，在推广过程中充分尊重体育场馆与周边消费者的现实需求，平衡资源投入与经济价值产出之间的关系。大型体育场馆主要依靠政府支持实现对场馆智慧硬件的高端改造和布置，以确保大型体育赛事的顺利举办和赛后资源的有效利用。中小型体育场馆除了依靠经费拨付，还需寻找第三方赞助、人工智能开发机构的试点支持等。

（三）实现整体化完善

人工智能赋能体育场馆的智慧化转型应遵循从局部变革到整体优化的原则，结合体育场馆的功能定位、业务流程和服务特点，逐步拓宽场馆智慧化的广度。如在利用人脸识别技术打造智能门禁系统的基础上，逐步引入和完善智能照明、智能广播、智能通风、智能消防、智能安保和智能交通等硬件基础设施。还要加强对新一代人工智能等高新科技资源的获取，至少完成网络环境、场馆服务、运营系统、市场开发和后勤保障多个项目的智慧化改造，从而挖掘场馆的智慧深度。此外，应加强人工智能在场馆应用方面的高度，遵循从协作到自助，再到自动化程序的发展过程。例如，智享无人值守场馆就是将人工智能从辅助服务升级为智能自助服务，构建了智能化的场馆运营生态圈，才真正发挥了场馆的整体智慧效用。

（四）提供系统化保障

数据作为人工智能算法模型中不可缺少的部分，对其技术的研发以及在应用领域的落实都有着重要的影响。因此，只有当人工智能赋能下的智慧体育场馆能够准确获取敏感、一致的高质量数据时，才能够提供智能化的优质服务。体育场馆行业需要制定相应的数据管理制度和应用准则，进一步规范人工智能服务方在场馆调试时对数据的采集、流转与应用，以保障信息资源真正转化为机器可读、可执行的高质量数据集。

总之，人工智能与体育场馆的深度融合将是一项长期而艰巨的任务，需要工作者进一步研究人工智能赋能体育场馆转型过程中的各个重要环节，以切实推动场馆走向智慧之路。

第五章　智慧体育服务平台
与系统构建

第一节　智慧体育公共
服务平台的构建

　　智慧体育公共服务平台是以信息技术为基础，由大数据分析、物联网、云计算技术等共同构建的集社会、文化、体育、环境等因素于一体的公共基础服务平台。其主要功能包括查询服务功能、数据采集功能、数据管理功能。

　　智慧体育公共服务平台提供统一化、规范化、科学化的体育信息资源共享模式，提供优质体育信息资源展示，支持政策与体育信息资讯查询，并为大众参与全民健身提供科学指导。平台收集各地体育活动人员、体育场馆及配套设施、大型体育活动赛事、体育俱乐部、城市地图交通等相关信息，经数据信息整合、过滤、加工、转换后录入数据库。平台统一管理采集数据，经数据分析后多渠道、多层次、多角度反馈给查询服务窗口。借助公共服务平台可达到全省乃至全国甚至全球范围内的体育信息共享，构建覆盖全省的服务网络。

　　自北京奥运会成功举办后，我国体育产业得到了快速发展，国内愈加重视对智慧体育的研究。对智慧体育产业的研究主要集中在智慧体育公共服务平台上，尤其是平台的理论研究上。毋庸置疑，国内智慧体育平台应用技术日趋成熟，但部分地方智慧体育产业发展一直稍显落后。对智慧体育公共服务平台建设的研究，不仅能够为构建智慧体育公共服务平台提供依据，也能够加强体育科技成果的转化，对地方体育产业的优化升级提供依据。

一、智慧体育产业的发展特征

（一）智能化

智能化是体育公共服务平台的显著特征之一。智能化主要体现在以平台用户的需求为中心，通过大数据分析、智能算法以及先进的互联网技术，为用户提供个性化的服务。智能化不仅体现在对用户的服务上，还可以依据标准化、统一性的体育数据信息整合，对我国体育产业的发展以及体育企业自身存在的问题，提出具有针对性的解决方案。在平台内容的设计构建以及服务方式方法上，更加具有创新性和人性化的特征。相较于传统的体育平台，智慧体育公共服务平台能够整合庞杂分散的体育信息，利用智能处理的方式，让体育信息变得更加专业、科学且全面，以云计算和大数据分析技术为基础构建具有明显创新性特征的体育信息系统应用模式，进而提升体育产业服务的总体能力。

（二）创新性

智慧体育公共服务平台的建设注重以民众为根本，促进市民对于体育活动和体育产业经营的参与。从市民的健康需求出发，通过移动应用、线上网络平台、网络社区以及 3D 体育场馆的线上预订促进全民健身的发展。将民众的健康数据、运动习惯以及适合民众的个性化运动方式，纳入体育公共服务信息平台，对碎片化的健康信息进行整合，打破现有体育产业中部门、行业和企业之间的信息壁垒，形成统一的体育资源。在平台的建设当中充分利用最新的体育产业发展理论，结合不同城市体育产业发展的现状及特点，形成鲜明的公共服务平台发展模式，体现出平台服务的创新性以及对用户个性化需求的满足，进而提高民众对体育运动的参与度。

（三）广泛性

体育公共服务平台的广泛性主要体现在智慧体育服务平台能够通过互联网和物联网为体育运动中的人和物提供全面的基础网络覆盖，能够让体育运动的参与者随时随地得到专业的体育服务。广泛性不仅体现在广泛的空间覆盖上，还体现在可以通过平台对行业、学科、部门以及体育产业服务活动进行全面的集合，并且通过先进的体育产业服务理论对这些资源进行整合，以体育产业发展的需要为目标将体育产业投资、产权交易、科技成果的转化、咨询信息的共享融入体育公共服务平台，为体育产业的发展提供信息基础和技术基础。

二、智慧体育公共服务平台的构建设想

（一）公共服务平台的设计理念

1.统一标准

智慧体育公共服务平台建设须考虑长远发展，涉及多系统之间的数据交互时须制定一套技术标准、管理标准来规范系统建设，保证多系统之间能充分融合共享。例如，制定智慧体育公共服务平台数据信息采集标准、平台数据库搭建设计标准、信息搜索和信息关联标准、信息交互整合格式规范、信息传输协议等。

2.统一数据库

搭建智慧体育公共服务平台数字资源数据库是平台建设的关键，其将多层次、多系统数据进行整合过滤存储，涵盖体育场馆设施数据库、运动处方知识库、用户健身信息数据库、体育活动与组织部门数据库、体育文化数据库、体育产业数据库、学校体育数据库、体育科技数据库等体育公共服务资源。

3.统一终端入口

规范智慧体育公共服务平台面向社会公众的主要渠道。该渠道涵盖互联网终端和移动终端两大入口。互联网通道入口主要针对基于互联网 PC 端接入的通过登录电脑浏览器访问的公共服务平台；移动终端主要针对通过无线网络接入的智能手机和平板电脑等移动设备，其充分利用新媒体传播平台 GIS 系统与移动端定位功能相结合的特点，满足一站式个性化信息推送、定位服务查询等需求。

（二）公共服务平台的总体架构

公共服务平台分为三层结构：数据采集层、数据管理层和查询服务层。数据采集层通过 PC 端和移动端将全省体育相关信息进行汇总整理后上传至数据库。数据管理层首先将采集整理后的信息数据编码入库；其次进行分析、组合、排列、验证，结合简单事件处理、复合事件处理、模式比对、事件的相互关系、事件间的聚合关系等将数据信息进行融合。查询服务层是应用集成和数据集中展示的窗口，提供人员访问与管理信息系统的入口。一方面为用户提供统一的接入点，让用户安全、方便地完成体育信息访问；另一方面实现系统引用的集成和数据的集中展示，包括查询、分析结果、统计评估、安全管理等内容。

（三）公共服务平台功能模块

公共服务平台须发挥用户健身、用户互动、场馆设施、体育新闻传媒等相关服务功能。

1.用户健身服务

平台先将各种运动健身知识与运动处方数据按照不同年龄段或者不同身体部位等方式分类，用户可通过平台直接搜索浏览所需要的运动健身指导。平台对于用户日常健身活动所产生的运动、体质相关数据记录上传，通过大数据分析后给予有针对性的运动处方指导以及相关健身知识科普。

2.用户互动服务

平台不光满足用户个人健身需求，并且实现体育社交互动。用户可通过浏览已发布的体育活动信息进行线上或线下参与，活动结束后可发布自己的活动心得感悟，同时可与其他用户进行线上讨论交流。用户互动服务功能模块的构建，能使用户更好地投入体育健身中。

3.场馆设施服务

平台收录全省各体育场馆基本信息并形成子数据库，用户登录平台可对各运动场馆基本信息进行浏览，根据 GIS 地图系统查询最近场馆位置并且导航。平台开通场馆线上预约与购票渠道，满足用户购票需求。用户还可以线上对体育场馆进行点评，以便其他用户更好地了解。

4.体育新闻传媒服务

平台通过对用户行为大数据进行分析，有针对性地给用户推送其感兴趣的体育活动信息。用户在分享点评过程中产生的互动信息可通过新消息提示功能告知其他用户，从而实现用户个性化信息推送和新媒体一站式服务功能。

（四）公共服务平台的推广模式

智慧体育公共服务平台的推广应当从以下三方面入手：

第一，建立科学化、统一化的服务平台推广理念。在平台推广的过程中应当协调技术、资金以及行政资源，在政府部门的统一领导规划之下，以统一化、标准化、规范化为基础，推进公共服务平台的各个部门和项目的建设，从总体上把握体育服务平台的推广工作。

第二，注重公共平台的实用性。体育服务公共平台的建设者必须充分考虑各个地区发展体育平台的具体情况以及特殊因素，公共平台必须以用户为基础，还原用户可能遇到的需求场景，进而依据用户的需求进行平台设计。在充分注重用户个性化及特殊性的前提下形成统一的数据接口平台系统，打破部门、企业以及行业之间的壁垒，形成开放式的体育生态环境。

第三，将政府资源与市场资源相结合。政府部门可以通过设立体育产业投资基金的方式，引领市场资源进入体育服务平台建设当中，充分调动市场资源，为体育公共服务平台建设提供广泛的资金基础和人力资源基础。

第二节　城市公共体育服务
智慧化治理

　　21世纪，在社会生产力持续发展的背景下，以大数据、互联网及人工智能等为主的新一代智慧要素正全面替代农业、工业等传统要素成为引领时代变革，推进居民生产、生活方式改变的重要因素。当前，科技与不同社会领域、行业及组织间的深度耦合、高度叠加，在颠覆传统城市治理模式，促进各级政府、社会组织及个人间治理关系的重构中效果显著。

　　在全民健身领域，科技助力并实现城市公共体育服务治理多元化、合作化与共享化，将关系到国家全民健身、健康中国战略的实施以及人民身心健康福祉的增加。目前，在国家大力倡导国家治理体系与治理能力现代化的背景下，城市公共体育服务在历经政府、市场及社会体育组织等多个治理中心后进入了全面发展的新时期。但在过去城市公共体育服务治理中，政府单向度管控产生的政令执行不同步、体育资源供需不匹配、地域分配不平衡及科学标准评价体系不健全等问题依然存在，尤其是城乡地域差异导致的公共体育服务供给问题与利用问题尤为棘手。此时，国家经济发展中所倡导的科技与实体经济的深度融合无疑为城市公共体育服务治理带来了新理念、新方法与新途径。然而，科技赋能城市公共体育服务治理所产生的作用是双向的，治理主体在依托和运用技术降低体育资源成本、提高治理效率的过程中，也存在着因使用不当而出现信息泄露、垄断及腐败等新型治理问题。

　　因此，如何利用现代化科技手段突破传统治理中的桎梏，同时规避大数据、互联网等技术使用中产生的风险，将是未来城市公共体育服务走向智慧化治理的关键。

一、城市公共体育服务治理的演变历程

城市公共体育服务作为国家体育治理的重要内容之一，其治理模式并不是自发性的，而是在不同时期科技、经济及地域文化等因素演变的作用下产生的。基于此，将城市公共体育服务治理分为起始与兴起、恢复与调整、改革与推进及全面与快速发展四个阶段。

（一）起始与兴起阶段——政府以行政手段高度集中型治理

中华人民共和国成立后，为改善国民体质，满足国内农业、工业生产及民生等建设需要，1949 年 10 月，全国体育工作者代表大会确定了"为人民的健康、新民主主义的建设和人民的国防而发展体育"的工作方针。城市各级体育职能部门及以职工体育协会、农村基层体育协会为主的群众体育组织得以建立，体育场馆、设施、院校等基建项目陆续开建，学校和一些单位的体育活动热情高涨。自此，人民群众参与体育运动的积极性得到了极大提高。

起始与兴起时期，在国家体委（今国家体育总局）及各级政府领导下，城市群众体育开展广泛，但由于城市生产力水平较低，以基础体育设施及传统体育活动为主的城市群众体育，在治理主体间的结构关系上表现出"强国家、弱社会、无市场"的特征，项目单一、内容简单、非竞争性及强制性等特点突出。在历史特殊时期，国家总体支配保证了城市体育资源的统筹发展，"因地制宜、因陋就简"的方式更是将公社拔河、民兵篮球、工厂晨跑及学校广播体操等群体活动遍布全国。然而，完全行政手段的治理也抑制了其他治理主体的作用，为后期政府治理"失灵"埋下了伏笔。

（二）恢复与调整阶段——政府与社会结合型治理

党的十一届三中全会后，在以经济建设为中心，坚持改革开放的战略决策下，国民经济持续发展，全国城市职工体育组织陆续恢复，运动队、业余训练及群众体育参与人数持续走高，公共体育设施数量与种类增加，居民不再拘泥于军体练习，因陋就简的观点被逐渐抛弃，健美操、呼啦圈、舞蹈等项目开始流行。在城市社区中，居民以趣择项，以业余为主、自愿参与、多方筹办为理念的自由结合性体育社团、协会及健身俱乐部成为群众体育发展的中坚力量。在农村，家庭联产承包责任制下的经济体制改革催生了农村体协，带动了农民体育活动的开展。

恢复与调整时期，伴随着国家改革开放与经济体制的转变，国内群众体育出现了各级体育行政部门、职工体协、俱乐部及农村体育文化站等组织齐办体育的场面。在国家政府与社会结合治理下，群众体育在组织形式、活动方式与内容、功能价值等方面均表现出多元化倾向，过去单纯依赖国家行政手段的集中性治理模式向以政府引导，社会、群众参与为主的新型管理机制转变。但同时也应看到，政府与社会结合治理表面上打破了政府孤立的局面，但社会办体育的改革思路更多还是体制内的调整与修补，治理中存在着官办合一、权责模糊及形式主义等问题。

（三）改革与推进阶段——政府、社会、市场结合型治理

20世纪90年代初，在正确认识和处理计划与市场关系中确立了社会主义市场经济体制的改革目标，国内群众体育开启了与之相适应、符合自身发展规律的改革之路。

进入21世纪，国家体育总局颁布并实施的《全民健身计划纲要》第二期工程（2001—2010年）规划进一步明确了全民健身事业与国民经济和社会事业协调发展的目标，这为城市群众体育建设迎来了空前的机遇。2006年，《体育事业"十一五"规划》的颁布形成了以奥运为契机，各种社会力量竞相参与、共同办体育的机制与格局。2011年，国家体育总局印发《体育事业发展"十二五"规划》，要求转变体育发展方式，建立符合国情、比较完整、覆盖城乡、可持续的公共体育服务体系，这也是"公共体育服务"概念首次以政策文件形式出现在公众视野中，标志着城市公共体育服务进入了发展的新时期。

改革与推进时期，社会主义市场经济制度的确立加速了体育社会化、产业化与市场化的形成，政府、社会与市场相结合，并以社会为主，着力培育体育市场成为新方向。同时，科学发展理念也为群众体育的全面设计改革定调，注重城市群众体育的可持续发展体现了对绿色体育、人本发展的关切。后奥运时期，以健康为核心的建设思路为群众体育中的科学化、标准化及法治化等多模块化协调发展指明了方向，迫使治理更加注重效率优先。但从实际效果看，政府自上而下的体制结构与运行机制并未改变，城市公共体育资源供给不足、分配不均及监管不规范等现象表明社会与市场在群众体育治理上的深度、创新性与可持续性等方面活力不高，城市公共体育服务的政府、社会、市场结合治理还有较大的优化空间。

（四）全面与快速发展阶段——多元协同下共商共建共享型治理

党的十八大以来，我国经济在全面深化改革后进入了以结构优化升级、高速增长转向中高速增长，以要素和投资驱动转向以创新驱动为特征的新常态。为适应发展新节奏，党的十八届五中全会提出"创新、协调、绿色、开放、共享"新理念，其实质在于坚持发展为了人民，发展依靠人民，发展成果由人民共享。在此指导下，2014 年 10 月，国务院印发的《关于加快发展体育产业促进体育消费的若干意见》将全民健身上升为国家战略；2016 年，在国家《全民健身计划（2016—2020 年）》《体育发展"十三五"规划》等政策的顶层设计下，政府主导、社会协同及居民参与的治理体系渐成。

2017 年 10 月，党的十九大报告中首次提出建设"智慧社会"，强调要推动互联网、大数据、人工智能和实体经济深度融合，保障和改善民生，加强和创新社会治理，这为科技助力城市公共体育服务治理提供了思路。

2019 年 10 月，党的十九届四中全会提出必须加强和创新社会治理，完善党委领导、政府负责、民主协商、社会协同、公众参与、法治保障、科技支撑的社会治理体系，进一步加速了科技创新向群众体育领域的渗透与融合，城市公共体育服务治理在科技赋能下逐步在供给侧、治理结构扁平化、新型政社关系、跨域协同治理等方面实现新突破，开始迈向多元协同的共商、共治与共享的新时期。

该时期，科技助力城市公共体育服务实现治理的共商、共建与共享，具体表现在以下三个方面：

第一，治理主体更加多元、理性。体育行政部门通过科技媒介，实现权力管控向引导、监管角色转变，使社会体育力量与居民个体参与治理，形成党委领导、政府负责、民主协商、社会协同、公众参与、法治保障、科技支撑的社会治理体系。

第二，治理结构更加开放、科学。在大数据、互联网技术串联下，治理主体重组后的联动化增强，封闭的统辖和命令方式被互动、协商、合作等开放型方式替代，有利于实现治理边界明晰、权责对称的治理结构。

第三，治理方式更加民主、广泛。体育智慧平台与移动终端等技术实现了公共体育服务的"分头办"转向跨部门沟通的"协同办"，"线下跑"转向居家"云端办"，"被动回应"转向"主动公开"等，科技赋予的民主与广泛属性，充分体现了参与者的意志和主体地位。

长期以来，城市公共体育服务因受制于地方经济、生产力水平及自身治理中的利益多向、内容复杂及居民需求多样等问题，一直被纳入政府行政管理序列，政府通过单一或变相合作的方式施加管控。如今，政府开始选择性退出市场领域，国家—市场—社会三元关系正在寻找新的平衡点。其中，科技赋能公共体育服务治理，打破了传统时空界限，促进了大众体育全景化，正逐步成为治理创新发展的新动力。

二、城市公共体育服务智慧化治理的基本逻辑

在我国，社会变迁、经济转轨、城镇持续性扩张及居民意识的提升等一系列因素，促使城市治理以约定俗成为主的自治制度向更加具有条文性的现代民主制度转型。在坚持社会主义市场经济发展方向下，生产要素的不断优化升级

在推动城市治理转变中占据主导地位，也为城市公共体育服务治理的优化提供了动力。过去，各治理主体部门、层级、地区及行业间的割裂状态导致城市公共体育服务出现了逻辑行政化、服务短期化、信息碎片化及产品质量劣质化等问题。

智慧时代下，"互联网＋""人工智能＋"等技术与城市公共体育服务的跨界性融合有望突破上述治理瓶颈，为城市公共体育服务治理走向快速、便捷及统一的均等化治理提供便利。

在社会转型的时代变革下，以大数据、智能化等技术为主的智慧跨界整合彻底改变了"大健康"理念下城市公共体育服务治理格局，治理关系在以多主体、多地区和多需求为特征的治理场域中面临重塑。城市公共体育服务在走向智慧化治理过程中主要涉及各级政府、各类社会体育组织与社区居民等主体、客体及方法三个维度。

（一）主体论——智慧化与多元治理主体间关系的重组

城市公共体育服务多元化治理不同于以往政府单向度管理，其核心在于协商、平等与互利，体育行政部门、社会体育组织、私人体育企业、居委会及居民同时享有治理权利与义务。

目前，城市公共体育服务各主体受地位、职能等因素影响，在治理中更多地呈现出一种"表象合作"的局面。而城市公共体育服务智慧化治理本质在于依托技术创新、汇聚众智，打破原有治理主体间原生态结构，促进新关系的重组。

第一，政府治理结构"瘦身"。网络通信、自媒体社交等技术突破了传统的体育层级递送与部门沟通障碍，推进了治理运行机制扁平化，从而提高了治理效率。

第二，非营利性体育组织行政脱钩。互联网、物联网的 O2O 运营模式激活了体育健身产业市场，为长期游离在"似政非政"边缘的社会体育组织提供了生存空间，而大数据平台与远程监控技术推动了政府向体育社会组织的权力让渡，实现从行政管理向扶持、监督与培育角色的转变，彼此间形成独立的互动、互助与互惠关系。

第三，营利性体育组织平等介入。政府购买公共体育服务存在向体制内企业的长期指定或授权行为，失去市场竞争力的公共体育服务治理极易出现轻质量、重数量的泛化与同质化现象。大数据互联网平台下政府公共体育信息公开，并向体制内外公开招标购买服务，可为体育企业提供平等竞争的机会。

第四，居民本体的主观反馈增强。政府公共体育服务信息平台、自媒体及网络社交在线答疑等打通了官民信息交互渠道，保障各主体在公共体育服务治理中的知情权、参与权与反馈权，凸显官民一体、协同共治的良好关系。

（二）客体论——智慧化与治理客体间的双向反馈

客体是指在认识活动中处于被动地位的一方，可以作为认识主体活动所指向的对象。在城市公共体育服务治理中，国家在给予居民治理主体属性的同时，还赋予了他们享受公共体育服务的权利。现阶段，从居民（客体）属性出发，对于公共体育服务的治理主要分为正、负反馈两类，具体如下：

第一，发挥客体正反馈作用，推动城市公共体育服务的可持续化发展。过去城市治理中追求行政绩效、不计后果的粗放型模式，不但贬损治理者的公信力，还造成了公共体育服务资源的极大浪费。在完善治理体系与提高治理能力现代化背景下，治理需要具有前瞻性，化被动的治理方式为主动的治理方式将是城市公共体育服务发展的新趋势，这就要求居民在共享社会体育改革成果时，及时通过数媒平台等智慧手段传递积极的治理案例，促进政府、社会体育组织等主体加大供给力度，减少无效劳作。

第二，发挥客体负反馈作用，及时发现并消除城市公共体育服务治理中的问题与潜在隐患。目前，城市公共体育服务因单一主体集权、自上而下、回应性弱、强制性等管理模式所产生的治理低效问题依然层出不穷。而在智慧化时代，居民在广泛参与、体验过程中，针对城市公共体育资源短缺、分配不均、利用率低下及破损浪费等问题，可利用移动互联网、手机 App 等科技手段及时反馈，否定消极做法，遏制不良行为的扩大，推动治理主体调整决策与执行方案，达到优化治理。

总体上，在客体双向维度反馈中，城市公共体育服务将科技要素嵌入有利于破除局部封闭和各自为政的思想，形成富有弹性、能可持续发展的治理新模式，但同时要警惕因技术依赖所产生的盲目主观和本位主义倾向。

（三）方法论——智慧化与主客体治理方式的理性抉择

要推进全民健身智慧化发展，就要依托已有资源，提升智慧化全民健身公共服务能力，实现资源整合、数据共享、互联互通，加强分析应用。在城市公共体育服务主客体相互作用中，治理方式是连接双方关系的桥梁，阐释了如何治理的问题。城市公共体育智慧化治理方式主要包含方法与形式两部分内容，前者代表了互联网下的多种信息技术，而后者为技术嵌入后的治理形态。在国家"创新、协调、绿色、开放、共享"的发展理念下，公共体育服务治理要充分考虑城市空间布局、产业经济结构、民生承载力等，尊重其发展规律。为此，治理方式的理性抉择主要突出以下两点：

第一，智慧化治理方法的形成与采纳要依法、依规、依据、依理，在符合当前国家依法治国基本要求的前提下，实现公共体育治理体系现代化。

第二，智慧化治理方式要彰显城市公共体育服务治理新理念，全面系统地评估智慧化治理方式的优劣，监控治理效果，实现智慧工具与城市公共体育服务重点、薄弱领域的无缝衔接，保障城市公共体育服务治理的长远性发展。

三、城市公共体育服务智慧化治理的实施路径

（一）倡导技术使用透明，平衡居民健身数据权利与平台权力

在当前政治语境中，国家和地方政府体育政策制定与监督评价机制是引领与保障城市公共体育服务治理转型、升级与高效发展的内在动力。目前，国家

及地方关于公共体育服务智慧化治理的政策尚未完善，市场中技术要素与体育用品、场馆建设、技能培训、赛事训练及传媒领域的融合，使社会体育组织率先成为治理中的主力。而在利益本位思想的驱使下，出现了"大数据杀熟"、体育平台隐形加价、智能体育健身产品捆绑销售及健身服务指向性推送等针对不同地域、人群提供差异化服务的阶层固化现象。

因此，在智慧化时代，国家体育行政部门迫切需要出台行之有效的政策，规范技术在体育行政管理、体育商业运营及体育产品与服务中的使用限度，保护居民体育健身权益。

一方面，保持技术使用的中立性，加大公共体育服务治理的辐射范围。要制定智慧体育治理标准、行业规定，避免市场营利性体育组织的技术贪欲，同时创新智慧体育服务模式，完善非营利性智慧体育平台，塑造"无缝隙＋整体"的公共体育服务治理对接，推动技术向低收入、老弱残幼等弱势群体活动渗透，加快城市公共体育服务治理全面与无边界化。

另一方面，倡导技术使用的透明性，保障公共体育服务智慧化治理中的商业自觉。要构建与技术发展相适应的居民健身权利体系，确保居民体育参与中的数据权利与平台数据权力间的平衡，唤醒社会体育组织商业伦理和商业自觉，提高非政府主体治理责任与效率，避免不同消费阶层在参与体育服务中陷入主观诱导与价格欺诈，引发信任危机。

（二）促进主体统筹，区域兼顾，实现共建、共治与共享

在城市公共体育服务治理中，压力型体制下现实条件和激励强度的不匹配塑造出诸多公共体育服务的面子工程，政府总体支配下的"命令—执行"模式造就的各治理主体间地位的不对等，遏制了其他社会体育组织的积极性，出现被动接盘、消极怠工、遇事推诿的现象。

新时期，在协调理念引领下，推进城市公共体育服务智慧化治理，可以从以下角度进行：

首先，统筹治理主体职能，厘清权责，构建良好的动态型政社关系。科技

的高效性不仅仅在于本身的广度与精度，还取决于占有者的使用行为，政府要从"控制位"转为"服务位"，及时摒除政社关系中"一套人马，两块牌子"的现象，打破体制障碍，保护市场良性竞争，形成政社关系独立、组织结构吻合、功能各异、相互支撑的共同体。

其次，倡导各治理主体功能互嵌，促进智慧治理的精细化。城市体育行政机构要牵头搭建平台，引导社会体育组织、居民成为治理"真主体"，呈现"民主服务型"嵌入；社会体育组织凭借自身专业、自主、灵活的特点，参与决策，理性反馈，并提供体育健身服务，体现"供给反馈型"嵌入；居民作为公共体育服务的体验者，要对公共体育服务质量做出理性判断与监督，表现"监督回应型"嵌入。

最后，注重智慧体育资源向郊区倾斜，促进城乡公共体育服务协调治理。辖区体育部门要成立体育专用资金，加大扶持力度，鼓励农村地区以地域特色组建体育协会、总会、健身社团等体育组织，并利用互联网、智能运动 App 等开展地域性群体活动，及时对城乡体育资源进行普查，构建居民健身线上查询、预约与缴费，线下参与、体验的平台化商业运作模式。

（三）注重城市要素导入，深化公共体育服务治理创新

改革开放后，在全面深化改革下，政府向企业购买、社会体育组织自主运营及居民自主体育消费等行为意味着多主体合作下公共体育服务的市场化属性越发明显。

在信息化时代，实现城市公共体育服务智慧化治理需要提高体育用品和服务中的技术精度和配套统一，同时避免技术集中下的市场垄断。因此，要秉承以市场为轴心，加大体育资源、技术等创新要素导入，开启城市公共体育服务"政用产学研"，打造市场化运作模式。

首先，各级体育行政部门把控角色的缺位与越位，做到行政权力合理"稀释"，出台积极政策，统一规划基础设施网络，搭建智慧体育平台，消除市场壁垒，构建合理的城市利益分享和补偿机制，吸引更多的社会体育组织涌入市

场，优化城市公共体育服务的产业布局。

其次，要践行市场导向，加大招商引资力度。城市公共体育服务智慧治理要不断从外界引入资金、企业、智库、人才及赛事 IP 等优质资源，发挥多元主体的互通共享，将治理的主战场转移到市场化的社会中来，培育地区智慧体育健身产业体系，缓解技术集中及人口增速带来的治理压力。

（四）推进城市公共体育服务法制、公众舆论与媒体结合

过去由于城市治理资源和手段有限，从"运动式"治理到"单元性"的专项整治都带有鲜明的选择性和局部性特征。而智慧时代大数据、互联网等信息技术的过度利用、本身存在的系统性漏洞及人情庇护下的不良使用等越轨行为，更是增加了城市公共体育服务治理难度，这就要求治理要立足现代化起点，发动社会力量，重全局，补短板，构建社会法制、公众舆论及媒体多方协同的监管模式。

第一，完善公共体育服务的立法，推行法规的地域化，树立法治权威。城市公共体育服务智慧治理的风险防控关键在于立法定规，依法依规施政，形成"预风险，补漏洞，查问题，奖惩结合"的法治化监管体系。从强化组织领导、经费保障、政策支持、人才保障、信息安全及营造氛围等方面，为智慧体育治理监管体系做出全面部署，保障各市智慧体育服务的顺利铺开。

第二，动员公众对城市公共体育服务正向舆论监督。各级体育行政部门要开辟网络反馈平台，鼓励民众广开言路，做好物质、精神激励与隐私信息的保护工作，消除民众在舆论监管中的不开口、不敢开口的现象，保障立足实证的积极性舆论及时反馈到相关体育部门或组织。

第三，发挥国家与地方新闻媒介的优势，形成监督体系最大合力。媒体是智慧化应用的典型代表，要发挥其传播广、力度强、见效快的特点，及时发现城市公共体育服务存在的问题，揭露城市公共体育服务治理中的懒政、腐败及有悖于公正、公平性的现象，同时传播优良案例。总体上，智慧时代下城市公共体育服务治理需要结束政府监督的孤立局面，通过构建各级政府、民众与媒

体联合下的网格化监督来实现治理的协同增效。

长期以来,探求符合中国国情的城市公共体育服务治理模式一直是加快落实国家全面健身战略,促进居民健康的一项重要内容。在新时代,科技的持续发展并向公共体育服务领域的融合渗透,已经在供给对象全覆盖、供给主体多元化、供给内容精准化、过程成果数字化及管理方式社群化中发挥出了重要作用。"十四五"时期,在国家积极倡导治理体系与治理能力现代化的号召下,科技赋能城市公共体育服务治理,将有望不断突破以往传统治理中的瓶颈,实现共商共建共享治理的新格局。

为此,如何结合地域实情,规避智慧治理中的风险,并从政策制定、治理主体统筹、深化治理创新及协同监管等方面,打造完整的智慧体育服务体系,深度优化公共体育服务治理效能成为新时期各城市体育行政部门、社会体育组织及居民等治理主体亟需思考的重要议题。

第三节 老年社区智慧体育 服务系统构建

随着信息技术的不断发展,物联网、大数据、云计算等开始逐步进入老年服务领域,也为老年体育服务的发展带来了新的契机。在我国社会经济发展水平和老年体育服务投入短期内不会出现根本改观的现实情况下,充分利用信息技术构建较为完善的老年智慧体育服务系统,不断提升老年体育服务质量,满足老年人体育需求,成为社会各方面共同面对的主要课题。

一、老年社区智慧体育服务系统内涵

智慧是生物所具有的基于神经器官的一种高级的综合能力，包括感知、知识、记忆、理解、联想、情感、逻辑、辨别、计算、分析、判断、文化、包容、决定等能力。智慧可以让人深刻地理解人、事、物、社会、宇宙、现状、过去、将来，拥有思考、分析、探求真理的能力。如果把智慧放在老年体育服务供给领域去理解，智慧就是通过现代信息技术提高管理水平，提升老年体育服务的供给质量、供给效率，涉及服务资源平台、物联网、大数据、移动互联网等最新技术。

在具体的实践中，通常就是一定主体，通过智慧化平台构建，有效整合社区、养老机构、学校等资源，使之能够最大限度地为老年体育服务供给所用。老年社区智慧体育服务供给就是要运用现代信息技术提高老年体育服务供给的管理水平，充分利用移动互联网、云计算、大数据、物联网等现代信息技术手段与老年体育服务的结合，构建老年体育服务管理科学体系、资源库和服务资源平台，促进老年体育服务在提高全民健身科学指导和信息化服务水平方面发挥更加有效的作用，使老年体育服务供给更加便捷、高效、准确。

从实践层面看，通过老年社区智慧体育服务供给，人们能及时分析经常参加体育锻炼的老年人数、体育设施利用率等，综合评价老年人体育锻炼和健身效果，提高老年人健身与健康指导水平，提升健身及健康设施的利用、管理效率，推进老年体育服务在器材、设施方面不断创新，促进老年体育设施、器材升级换代，优化体育服务供给，满足老年人对体育服务的个性化、多层次需求。

从字面理解，系统是指将零散的东西进行有序的整理、编排形成的具有一致性的整体。老年智慧体育服务供给系统是通过信息化手段和标准化建设，整合老年体育服务信息资源，采取手机 App、微信公众号、科技网络信息服务等形式，为老年人提供体育服务的整体组织形式。

老年智慧体育服务系统的构建，有助于降低体育行政管理成本，增强体育行政运行效能，推动基层政府向服务型政府转型；有助于优化老年体育服务供给中传统体育组织架构，减少人工成本，通过智能科技元素的融入，实现老年体育服务管理的变革；有利于均衡老年体育服务资源的调配，以互联网科技手段为老年体育服务开疆扩土，打破传统的老年体育服务供给壁垒，为老年人提供更加便民、利民的体育活动环境。

综上所述，我国老年社区智慧体育服务系统是为了实现老年体育服务资源整合利用和高效、便捷管理，满足老年群体体育服务需求，以信息技术为手段，以体育资源整合和优化为重点，由政府、社区、市场等主体共同构建的，将社区管理、体育服务、社会服务有机结合，集管理信息化、服务智能化、运作高效化于一体的社会综合管理体育服务信息网络化系统。老年社区智慧体育服务系统的构建与运行，是对我国老年体育服务供给体系的创新与完善。

二、老年社区智慧体育服务系统构建的原则

我国老年社区智慧体育服务系统的构建目标，从供给层面看是为了提高老年体育服务的供给质量与效率；从效益层面看是为了整合、优化老年体育服务资源；从管理层面看是为政府、体育管理部门和社区的管理提供便利，提升管理绩效。所以，我国老年智慧体育服务系统构建的整体目标是以老年人为服务对象，通过政府、体育管理部门、社区、企业和体育非营利组织等主体的共同合作，利用现代信息技术对老年体育服务系统进行智慧化建设，整合老年体育服务资源，实现老年智慧体育服务系统的高效运转、规范运行，从而提升老年体育服务供给管理绩效，提高老年体育服务的供给质量、供给效率、供给水平。

我国老年社区智慧体育服务系统构建必须坚持以下原则：

（一）坚持以人为本的原则

我国老年社区智慧体育服务系统的构建必须以老年人需求为中心，根据老

年人年龄、身体功能、健康水平、经济收入水平、兴趣偏好等，选择合理的服务方式，为老年人提供适宜的服务内容，不断提升老年人的获得感和幸福感。

（二）坚持资源整合与优化原则

我国老年服务领域目前基本都存在明显的零散式、碎片化服务特点，对政府、社区及相关企业的工作造成了很大影响。老年社区智慧体育服务系统的构建必须尽可能避免这一问题，要通过系统构建，实现对一定区域老年体育服务资源的高度整合与优化，对于目前没有条件整合与优化的资源，要预留空间，待条件成熟后再进行整合，促使老年体育服务的资源发挥最大效用。

（三）坚持各负其责、共同协作的原则

老年社区智慧体育服务系统涉及政府、社会、社区、市场多重主体，要使系统能够发挥真正作用，就要坚持各负其责、共同协作。政府主要从政策层面对老年智慧体育服务系统给予支持，明确服务的主要标准，并对系统的具体运行过程进行监督管理。社会和市场是老年体育服务供给的重要力量，其主要目的是补充政府在老年体育服务供给中的不足与缺失。社区一般起到沟通政府、社会、市场和服务对象的枢纽作用。通过老年社区智慧体育服务系统，政府、社会、市场、社区各负其责、共同协作，形成合力，共同推进老年体育服务的不断发展。

三、老年社区智慧体育服务系统构建的内容

（一）老年社区智慧体育服务系统平台基本框架

老年社区智慧体育服务平台的构建虽然是为了解决供给问题，但必须以老年人的需求为导向，进行资源统筹与整合，依托社区，最终实现老年人体育服务的有效供给。老年社区智慧体育服务平台由以下四个部分组成：

第一，基础设施体系，包括互联网、系统软件、服务器等部分。

第二，数据体系，主要包括数据整合服务、数据交换分享等部分。

第三，系统支撑体系，包括平台业务系统、信息数据库系统、平台操作系统等部分。

第四，应用体系，由服务供给、服务评价、服务监管、服务沟通等部分组成。

考虑到老年人接受信息技术的速度较慢，应用能力较低，所以在平台设计时要尽量保证平台系统的简单、便捷，容易操作。

老年社区智慧体育服务平台结构核心是智慧体育服务应用体系，终端、网络、应用系统和基础设施都是为应用体系服务的，通过应用体系，可以实现个人信息的传送，可以及时了解周边体育场馆、设施的利用情况，进行活动、比赛的网上报名，也可以把健康监测数据与标准数据进行比较，了解自身健康状况，享受便捷的体育服务。

（二）老年社区智慧体育服务系统平台主体功能

老年社区智慧体育服务系统平台主体功能设计，要在充分考虑老年人体育服务需求特异性的基础上，保证老年人能够通过平台获得方便、快捷、高效的体育服务。从现有的研究成果看，我国老年体育服务需求主要包括体质监测需求、体育活动需求、体育设施需求、体育组织需求、健身指导需求、体育信息需求、体医融合需求等方面。所以，平台主体功能的设计也要据此进行。

根据老年体育服务需求并考虑到系统操作的便捷性，可以把老年社区智慧体育服务平台的主体功能综合概括为健康促进功能、健身指导功能、活动组织功能、设施管理功能、信息交流功能 5 个方面，具体如下：

第一，健康促进功能主要考虑到老年社区体育服务供给中"体医融合"的重要性，把老年人的体医融合需求和体质监测需求进行整合，分为 4 个板块，即体质监测、运动处方、健康宣传与健康评价。

第二，设施管理功能主要考虑能够为老年人提供方便、快捷的设施服务，分为 4 个板块，即设施使用信息、设施实时信息、设施预定信息与设施维护信息。

第三，健身指导功能主要考虑为老年人提供科学合理的健身指导服务，分为 3 个板块，即健康指导选择、专家咨询与健身效果评价。

第四，活动组织功能把体育活动服务和体育组织服务需求进行整合，分为 5 个板块，即信息筛选、活动宣传、志愿者征集、在线报名与活动排编。

第五，信息交流功能主要考虑到老年人不仅对于体育信息有一定需求，同时在心理层面需要慰藉，分为 3 个板块，即信息收集、沟通交流与信息发布。

从整体上看，在老年社区智慧体育服务系统的主体功能设计中，既充分考虑到老年体育服务的内容，也充分考虑了智慧体育服务的特点，能够保证老年社区智慧体育服务系统主体功能的设计与老年人需求基本一致。

1.健康促进功能

老年社区智慧体育服务平台的健康促进功能，主要是利用社区体育资源对老年人进行健康促进，为老年人疾病预防、体育康复、健康发展提供支持，主要包括体质监测、运动处方、健康宣传、健康评价 4 个方面。

（1）体质监测

体质监测功能是指通过系统平台对老年人体质现状及发展态势进行监测，以了解老年群体和个体体质状况。根据实际需求，老年体质监测主要包括 3 个方面的功能：①原始数据收集，主要目的是通过智慧体育服务平台做好老年人原始数据的收集工作，了解老年人体质现状；②实时监测老年人体质信息，通过对老年人实施健康促进以后的数据进行整理，以月、季度、年为时间节点进行记录，了解老年人体质发展进程；③对老年人体质状况进行动态分析，关注的重点是老年人肌肉功能、心肺功能、骨骼状况、整体身体机能、智力状况、行为能力等方面，对于"三高"老年群体，要及时将相关信息点对点发送给老年人或其家属。

（2）运动处方

运动处方功能是指老年社区康复指导人员或医疗人员，根据老年人实际情况及医学检查资料，用处方的形式规定老年人锻炼强度、锻炼时间、锻炼项目及注意事项，有需要的老年人可以通过系统平台与相关专业人员进行交流，获得专业性指导，从而获得有针对性、目的性、计划性的锻炼指导。运动处方功能主要包括：①普适性运动处方，主要是针对普通老年群体，满足老年群体的普通锻炼需求及健康需求；②专门性运动处方，根据老年人健康状况、年龄等个性化特点，由专业人员开具运动处方，既保证运动处方的科学性、安全性，又保证运动处方的针对性和有效性。在运动处方中，要对运动项目的实施目标、实施阶段进行详细说明，需要有家人或者服务人员陪同的要进行注明，确保老年人身体活动过程的安全性、实效性。

（3）健康宣传

健康宣传功能主要是充分利用智慧体育服务平台，对老年人进行健康知识的普及，从而不断提升老年人健康意识和理论知识水平。老年人对于健康宣传的需求一般包括健康的生活方式、健康的营养方式、健康的锻炼方式等方面。在健康宣传功能中，既要关注老年人的生活、锻炼，又要关注老年人的营养结构。由于不同的老年群体的关注点不同，所以老年社区智慧体育服务平台要根据不同的老年群体设置不同的内容，对于大家普遍关注的问题，如老年锻炼安全防护、老年健身常识、老年营养膳食结构等要重点宣传，提高老年人通过体育锻炼促进身体健康的意识。要根据季节变化、天气变化、科研成果创新等及时更新健康宣传的内容，不断提升老年人对于健康宣传的关注度。

（4）健康评价

健康评价功能是指平台根据老年人的肌肉功能、心肺功能、骨骼状况、整体身体机能、智力状况、行为能力、"三高"情况等，对照相应的标准，给出准确的健康等级评价，对老年人健康进行风险预警和管理。老年健康评价主要包括基本健康状况、主要健康问题、功能限制、健康促进需求4个方面内容。不同的老年人有不同的需求，加之社区条件的差异，因此要根据老年人的个人要求和社区的实际能力，分层次、分阶段、分区域对老年人进行健康评价。

2.设施管理功能

当前我国老年体育服务设施较为紧缺，为了实现老年体育服务设施的高效利用，平台利用系统的设施管理功能对社区及周边为老年人提供服务的设施进行信息化管理，以便老年人能够享受便捷、高效的体育服务。设施管理功能主要通过设施使用信息、设施实时信息、设施预定信息、设施维护信息来实现。

（1）设施使用信息

设施使用信息功能是指平台为了满足老年人进行体育锻炼的需要，对社区场馆设施相关数据、使用规范等内容进行整理公示，以满足老年人实际需求。老年体育服务设施主要包括：①室内体育服务设施，如老年体育协会办公室、社区棋牌室、乒乓球室、舞蹈室、台球室等；②室外体育服务设施，如社区健身广场、网球场、门球场、气排球场、柔力球场等。在具体实践中，老年人主要关注的设施使用信息包括体育设施是否收费、收费金额、开放范围、开放时间、使用要求、场馆设施位置、交通信息等内容，老年社区智慧体育服务系统需要在设施信息介绍中对以上问题给予重点关注。

（2）设施实时信息

设施实时信息功能是利用智慧体育服务平台实现社区场地设施管理和内容的随时更新，使服务对象能够通过手机、电脑等终端设备获得最新的场地设施信息。对于经常参加体育锻炼的老年群体来说，设施实时信息的准确性非常重要，不仅可以提高场地设施的利用效率，而且可以为老年人节约大量的时间和精力。所以，社区智慧体育服务系统要准确及时地对设施实时信息进行更新，主要包括使用对象、使用时间、使用范围等，老年人可以根据这些信息选择等待或更改计划。另外，设施实时信息还能够起到对一些活动和比赛的宣传作用，可以吸引老年人或者其他群体到现场去观看活动或者比赛，扩大老年体育活动和比赛的影响力。

（3）设施预定信息

设施预定信息功能是服务对象根据锻炼需要，通过智慧体育服务平台对社区体育场馆设施进行预定。在场馆设施预定中，首先要根据场馆设施的性质确定能不能进行预定，如当前很多室外气排球场、网球场等，由于没有护栏，无法进行封闭式管理，也就无法进行预留，这是在场馆设施预定中需要注意的问题。从实践需求看，设施预定信息包括有无他人预定、预定的时间、预定的范围三个部分的内容。服务对象根据这些信息决定自己的下一步计划。在场馆预定中，服务对象可以首先通过手机或其他通信设备查看以上信息，选择能够为自己提供服务的场馆设施，然后根据个人需要进行场馆设施的预定。设施预定信息功能很好地提高了老年体育服务设施的利用效率。

（4）设施维护信息

设施维护信息功能是指场馆设施的责任主体在场馆设施出现质量问题或者安全隐患时，可以通过平台发布信息，对场馆设施出现的问题进行解释，对维修的时间、范围进行说明，并在维护结束后及时发布使用信息。在研究过程中通过对部分老年人进行深度访谈，发现老年人对于场馆设施维护信息的关注点主要集中在安全方面，所以在场馆设施出现质量问题或者安全隐患时，社区要通过智慧体育服务平台发布预警信息，这既保证了老年人进行体育健身的安全性，又可以提前让老年人更改计划，防止老年体育比赛、训练、交流受到影响。

3.健身指导功能

通过老年社区智慧体育服务平台的健身指导功能，老年人可以根据自身情况，接受健身指导服务，在服务结束后，将健身数据传输至系统平台，平台将老年人上传的数据与原始数据进行对比，将健身效果反馈给老年人或其家属，体育服务人员、管理机构可以根据结果及时调整服务的内容和方法，提高老年人健身效果。系统健身服务功能主要通过健身指导选择、专家咨询、健身评价三个部分来实现。

（1）健身指导选择

健身指导选择功能主要是指老年人根据自身需要，可以通过智慧体育服务系统平台选择健身指导人员和指导方案。在具体实践中主要包括：①健身方案的选择，不同社区要根据自身的具体条件，组织专家、学者制定出一系列的普适性健身指导方案，供不同年龄、不同身体状况、不同收入的老年人选择；②关于健身指导人员的选择，服务平台根据老年人需求推介指导人员，对指导人员的专长进行详细解读，为有特殊需求的老年人提供个性化体育服务。

针对老年健身指导人才不足的现实，社区要通过多种方式不断充实社会体育指导员队伍，把学校体育教师、退伍军人、具有较高水平的体育爱好者等群体纳入人才库，尽可能解决当前老年健身指导人才不足的问题。

（2）专家咨询

专家咨询的主要功能就是老年人把在健身过程中发现的问题反映给平台，平台根据数据库中专家的研究专长、服务专长，选择合适的专家对老年人的问题进行解答，也可以通过开放的平台由专家自主回答，解决老年人健身过程中产生的疑问。在专家咨询过程中，社区要做好三项工作：①做好专家的聘任工作，要把一部分有专业特长的体育科研人员、医生、社会体育指导员纳入专家库；②做好专家的分类整理工作，使服务对象在进行专家咨询时能够有的放矢；③做好专家沟通交流工作，制定出专家服务时间表，明确专家服务范围，保障老年人的专家咨询能够落到实处。

（3）健身评价

健身评价主要是指老年社区智慧体育服务平台可以通过将老年人的健身数据与自身原始数进行对比，了解老年人健身效果，主要包括健身功能评价和健康水平评价。在访谈中，大部分老年人在参加一段时间的体育锻炼后都特别希望了解该项目的锻炼效果，并且希望健身评价不要太复杂深奥。这就要求平台遴选出能够反映老年健身效果的核心指标，制定出相应的分值对照表，指导老年人将自身健身数据输入系统，自动生成健身效果评价，评估出近阶段的健身效果，并据此对老年人的健身方案提出科学合理的建议。

4.活动组织功能

近年来，在老年体育活动组织中，社区发挥了越来越大的作用，但同时也出现了宣传难、动员难等问题，对于老年体育服务活动的组织更是如此。发挥老年社区智慧体育服务平台的活动组织功能，可以很好地解决这些问题。老年社区智慧体育服务平台的活动组织功能一般通过在线报名、活动编排、信息筛查、活动宣传、志愿者征集等子系统实现。

（1）在线报名

在线报名功能是指老年人可以通过老年社区智慧体育服务系统中的在线

报名子系统，选择适合自己的项目，填报个人信息，达到参与体育比赛、休闲的目的。影响老年人参加体育活动的因素是多方面的，既有年龄方面的原因，也有身体方面的原因，所以在在线报名中一定要充分考虑老年人的年龄、健康状况等，对在线报名的条件做详细的规定，对于不符合要求，尤其是可能存在安全隐患的老年人一定不能准许其报名，以确保老年人安全。

（2）活动编排

活动编排是指老年智慧体育服务平台根据老年人、志愿者报名情况，对整个活动进行规划，制定出秩序手册及活动预案，以保证活动的顺利开展。老年体育活动分组较为烦琐，通过智慧编排功能可以节约大量的时间和精力。

（3）信息筛查

信息筛查功能是指老年社区智慧体育服务平台根据活动的要求对参与活动的对象进行资格审查，从而确定报名者是否有资格参加活动。信息筛查一般包括年龄筛查、属地筛查、类别筛查（专业与非专业）。这就要求在进行老年体育活动组织之前，由服务平台对活动的要求进行明确规定，让老年人及其他相关人员对活动有一个大概的了解，并通过系统设置筛查掉不符合要求的人员，为活动的组织开展营造良好的社会环境。

（4）活动宣传

活动宣传功能是在活动开展前期，通过智慧体育服务平台对活动的价值意义、项目设置、年龄分组、活动方式、报名方法、报名要求、奖项设置等问题进行宣传，使相关老年群体对活动有一个详细的了解。由于老年人的兴趣爱好不同，对于体育活动的组织开展有着不同的需求，所以一般情况下，平台在进行正式的信息公布前，应广泛征求老年群体及相关人员的意见，将收集的意见进行归纳总结，并对活动方案进行修改，最后公布正式信息。正式信息公布后，无特殊情况不再进行更改。

（5）志愿者征集

志愿者征集功能是在老年体育活动开展时，老年社区智慧体育服务系统通过平台对志愿参加人员进行招募，以满足活动开展的人员需求。由于在老年社区活动开展中一般分组较细，并且可能存在一定的安全隐患，需要大量的志愿服务人员，所以志愿者征集非常重要。通过志愿者征集子系统发布的信息主要包括志愿者的报名要求、报名方法、相关待遇、需求人数、报名时间、截止日期等。在志愿者征集过程中不仅要求社区社会体育指导员、体育服务人员、医护人员积极报名，还要求他们在学校、企事业单位进行广泛宣传，力求使志愿者的数量和质量能够满足活动需求。

5.信息交流服务

当前，在老年体育服务供给中存在明显的供给需求不一致的问题，产生这一问题的原因是多方面的，其中就包括信息沟通不畅。借助信息交流服务可以较好地解决这一问题，同时可以将老年体育政策等信息及时准确地传达给老年人，为老年体育服务的供给提供重要支持和帮助。信息交流服务主要通过信息收集、沟通交流、信息发布三个板块实现。

（1）信息收集

信息收集是指利用社区智慧体育服务平台，对老年人基本信息、锻炼偏好信息、需求信息等进行收集整理，为老年社区体育服务供给提供实证支撑。信息的收集可以通过多种形式进行，但无论哪一种形式的数据收集都要注意一个非常重要的问题，就是数据收集工作必须在法律规范条件下进行，对于部分敏感数据，必须获得相关部门和收集对象的授权，要制定出完备的信息收集制度，确保信息不会外流。

（2）沟通交流

沟通交流是指社区相关管理人员、志愿者等主体与老年人，利用智慧体育服务平台就老年人关心的问题、不满意的问题，或者就老年人身心状况等进行访谈交流。平台信息沟通交流主要包括定期交流和随机交流两种形式。定期交流就是政府、体育管理部门或者社区管理人员定期上线，就老年人普遍关心的问题进行回应，并回答部分有代表性的老年人的现场提问。随机交流就是老年人或者管理人员可以在留言区随时把自己的想法说出来，或者就一些具体的问题进行讨论交流。在沟通交流的过程中，不仅要关注老年人身体状况，还要注意老年人的心理需求。从具体实践看，志愿者是实现与老年人沟通交流的最佳主体。

（3）信息发布

信息发布是指社区通过智慧体育服务平台及时发布各级政府、体育管理部门及社区的文件、制度等，保证老年人在体育服务供给中的知情权，从而更好地维护老年人的体育利益。根据老年人需求，信息发布要重点关注三个方面：①老年政策法规信息，平台在进行法规宣传时不能只简单上传相关文本，而应考虑老年人的需求，对重点内容进行解读；②重要活动信息，这些重要活动信息可能是社区内的，也可能是社区外的，但只要事关老年人体育利益与需求，就要及时发布，如各级老年运动会、体质测试活动等信息；③重要成果信息，对于最新的关于老年人锻炼、健康等方面的科研成果要给予关注，力争这些成果能够尽早被老年人了解，为老年群体健康发展提供帮助。

（三）老年社区智慧体育服务系统供应体系

根据老年社区智慧体育服务的主体功能，结合系统的构建原则，可以较为清晰地描述出供应体系主要包括健康促进服务供应体系、健身指导服务供给体系、设施管理服务供应体系、活动组织服务供应体系和信息交流服务供给体系。

1.健康促进服务供应体系

健康促进服务供应体系主要负责体质监测、运动处方、健康宣传、健康评价等服务的供给任务，由社区卫生服务站和体育非营利组织负责。体质监测与运动处方的相关工作主要由有老年健康或者老年健身知识背景的医护人员、专业体育康复人员和志愿者负责。考虑到专业性和安全性，普通的志愿者一般不参与老年人健康促进服务的供给，但可以参与后勤服务工作。健康宣传服务一般由平台管理人员负责，但其他相关主体可以给予一定的建议，以不断丰富健康宣传的内容。健康评价服务一般由老年人、医护人员、专业体育康复人员和平台共同完成，老年人输入自身数据后，由平台进行综合分析，最后由医护人员、专业体育康复人员给出结论和建议。

2.健身指导服务供给体系

健身指导服务供给体系主要负责健身指导选择、专家咨询、健身评价服务的供给，主要由体育非营利组织和平台加盟商户负责，具体参与人员主要包括平台管理人员、体育非营利组织人员、志愿者和商户工作人员。从当前的实践来看，健身指导服务主要由市场和社会力量提供，但政府及体育管理部门要负责监管，重点关注为老年人提供服务的社会体育指导员、培训机构人员、志愿者等有无老年体育健身知识的背景与能力。专家咨询服务当前主要由社区负责，只有经过社区遴选的，具有老年健身专业知识背景的专家才能通过智慧体育服务平台提供专家咨询服务。健身评价服务则由老年人和服务提供者共同负责，根据老年人的健身数据和服务目标进行综合评价。

3.设施管理服务供应体系

设施管理服务主要包括提供场馆设施使用信息、实时信息、预定信息、维护信息，及场馆预定，一般由场馆设施所属主体负责提供，平台负责整合发布，具体参与人员主要包括网络平台、行政/企事业单位、社区、加盟平台服务商的相关工作人员。在具体的工作实践中涉及以下两个方面的问题：

第一，数据库建设问题。需要体育管理部门、社区、学校、市场共同负责，保证数据的准确完善。

第二，数据开放问题。健身数据库的管理要由平台负责，只要不属于私密范畴的数据信息均向全体用户开放，不能各自为政，只有这样才能保证资源的利用效率。

4.活动组织服务供应体系

活动组织服务主要包括活动宣传、信息筛查、志愿者征集、在线报名、组织编排，其中，活动宣传、信息筛查、志愿者征集、在线报名由平台负责，组织编排由体育非营利组织、社区和相关主办单位共同负责，参与人员主要包括平台管理人员、社区和主办单位工作人员、体育非营利组织人员、志愿者。由于老年体育活动组织涉及多方主体和多个政府部门，因此需要充分利用智慧体育服务平台，在政府主导下破除条块分割的管理模式，推进资源整合，大力引进市场力量和社会力量参与，解决老年社区智慧体育服务活动中人才不足、设施不足、经费不足的问题。

5.信息交流服务供给体系

信息交流服务主要包括信息收集、沟通交流、信息发布等方面，主要由社区和体育管理部门负责完成，涉及主体主要包括平台管理人员、社区工作人员和政府工作人员、志愿者等。在具体的工作中，社区会根据政府、体育管理部门的需要或者自身需要，对老年人的基本信息、需求信息等进行收集，为老年体育服务的规划指导提供支持，并以此确定信息发布的内容，满足老年人的体育信息需求。在沟通交流服务中，服务对象较多，一般要有志愿者参与，通过网格化管理实现服务的供给，在信息交流过程中，不仅要关注老年人的身体状况，也要关注老年人的心理状况。

（四）老年社区智慧体育服务系统内容结构

老年社区智慧体育服务系统包括数据库、平台操作系统和平台业务系统。数据库是基础，包括与老年智慧体育服务供给有关的主要信息，如老年人信息、服务商信息、周边场馆信息、服务人员信息、管理人员信息等。平台操作系统是老年人享受智慧体育服务的钥匙，通过平台操作系统，可以实现各种操作，选择需要的服务，满足老年人需求。平台业务系统是整个老年智慧体育服务平台系统的核心，由不同的业务子系统组成，通过不同的子系统，可以实现老年社区智慧体育服务系统的各项功能。

1.数据库

老年社区智慧体育服务平台系统数据库主要包括老年人信息数据库、服务设施信息数据库、服务人员信息数据库、政策法规信息数据库、体育知识数据库五个部分。

（1）老年人信息数据库

老年人信息数据库通过个人信息的采集，可以对服务对象有一个直观整体的了解。

（2）服务设施信息数据库

服务设施信息数据库主要包括社区及周边能够为老年体育服务供给提供

帮助的学校、企事业单位、政府机关的体育设施，设施的具体介绍由所属组织负责提供，交给平台统一存储。

（3）服务人员信息数据库

服务人员信息数据库主要包括社区及政府管理部门工作人员、社区医务人员、体育非营利组织人员、志愿者、加盟平台商户工作人员等，在信息库里，重点介绍相关人员的专长、服务对象、服务时间、服务要求等事项。

（4）政策法规信息数据库

政策法规信息数据库主要包括党和国家各级政府关于老年体育服务的法规、社区规章制度、体育服务相关标准等内容。

（5）体育知识信息数据库

体育知识信息数据库主要包括老年健康量表、老年人健康知识、适宜老年人的健身方法、老年人健身项目、老年人健身注意事项、国内外成功案例、老年人健身发展趋势、老年人营养等方面的内容，老年人可以根据数据库提供的资料，学习健康知识，了解健身方法和内容，选择健身方式及营养结构。

通过数据库，政府管理部门可以了解社区老年人体质概况，为老年体育服务供给的规划和设计提供坚实的实证基础，为老年体育服务设施建设、经费投入等提供重要支撑；社区可以了解老年人的详细信息，根据老年人的实际情况选择活动内容、活动方式，为体育扶贫、志愿者服务等提供准确翔实的信息，为老年人获得必要的社会支持提供帮助；老年人可以通过数据库了解体育服务信息，从而合理选择锻炼地点、锻炼方式、指导人员，可以根据自己的需要学习、了解相关健康知识、营养知识、体育政策、管理制度等，为老年健身与老年健康的深度融合提供重要支持。

2.平台操作系统

操作平台是老年社区智慧体育服务系统的运行载体，一个好的平台操作系统，对于老年人享受体育服务供给、管理部门进行有效管理、研究人员进行数据分析、商户提供服务等都具有非常重要的作用。老年社区智慧体育服务操作平台主要分为社区操作平台、家庭操作平台及商户操作平台，不同用户根据自身需要进行不同操作。

从社会需求层面看，家庭希望可以通过智慧体育服务系统操作平台灵活选择老年人需要的服务，社区和商家希望可以实现有效方便的管理以及对服务过程的监控，所以家庭操作平台的操作方式有很多种，主要考虑其灵活性和方便性；社区平台主要通过电脑操作，部分功能可以通过手机下载软件实现操作；商户平台分为商户管理平台和服务人员操作平台，管理平台接受服务对象的服务请求，进行服务配对后给服务人员下达指令，为服务对象安排相应的服务。整体看，老年社区智慧体育服务平台操作系统能够较好地满足老年人、社区及商家等主体的实际需求。

3.平台业务系统

老年社区智慧体育服务平台业务系统是老年智慧体育服务供给的核心，是实现老年智慧体育服务供给的关键，主要包括基础信息数据库管理系统、老年智慧体育服务门户系统、老年智慧体育服务业务受理系统、智慧终端对接系统、智慧结算系统五个部分。

（1）基础信息数据库管理系统

基础信息数据库管理系统是对老年社区智慧体育服务平台系统相关信息进行管理的系统。在具体建设过程中，要根据不同对象的实际需求完成对相关信息的采集、存储。在数据库管理系统中，必须设置管理权限，不同的参与者具有不同的权限，既要保证数据库能够为多元主体共用，又要注意保护不同主体的隐私，把安全性作为数据库管理的首要任务。

（2）老年智慧体育服务门户系统

门户系统是老年人及家属、社区、平台供应商、管理机构进行服务申请的窗口。在特殊群体系统里面，社区、政府管理人员可以看到需要被特殊照顾的老年人的基本情况，这些特殊的老年群体和家属可以看到社区和地方政府为他们设置的服务项目、服务补助、服务内容、服务人员等信息。

通过在线购买系统，用户可以了解系统内需要收费的体育服务资源的情况，用户根据需要进行选择购买。

通过服务评价系统，老年人和家属可以对服务质量、服务效果、服务人员态度、收费是否合理等问题进行评价，社区和地方政府管理部门定期通过评价系统向老年体育服务供给主体进行反馈，供给主体也可以自行登录系统，了解用户评价，及时做好改正或者沟通工作。

通过服务监督系统，社区和政府管理部门可以对老年体育服务的供给过程进行监管，重点是对市场主体的服务质量、服务态度等问题进行监管。

（3）老年智慧体育服务业务受理系统

针对老年社区公共体育服务的特点，业务受理系统主要包括信息查询系统、预约服务系统、安排管理系统和意见反馈系统。手机 App 支持当前主流的 IOS、Android 等操作系统，用户可随时随地通过手机访问社区智慧体育服务系统。

用户可以通过信息查询模块进行与个人相关的体医结合、体育设施、健身指导和赛事活动相关的记录查询工作。

第一，信息查询系统。通过信息查询，可以查询相关信息：①场馆基本信息，主要包括场馆位置、收费明示、开放时间、注意事项。对学校、企事业单位、政府机关等周边的体育场馆位置进行准确定位，对最佳交通路线给予说明，老年人可以根据自己的位置选择合理的交通工具前往服务场馆；在收费明示中，对服务场所是否收费、收费标准、优惠措施等给予说明；在开放时间中，对场馆最早开放时间和最晚关闭时间给予说明，如果冬天和其他季节开放时间不同，则要特别标明；在注意事项中，对场馆的要求进行说明，如果是游泳等需要特殊装备的服务，也要重点说明。②场馆预定信息，可以了解场馆是否被预定、预定时间、预定服务等信息。③场馆实时信息，对于想立刻进行身体活动的老年人，可以通过场馆实时信息了解当前哪些场馆可以使用，并选择适合自己的服务。④服务人员信息，主要包括社会体育指导员、志愿者、医护人员、老年专业体育服务人员。在服务人员信息里面，重点介绍这些人员的年龄、性别、专长、服务时间、服务收费标准、服务对象。

在具体工作实践中要对社会体育指导员、志愿者、医护人员和专业体育服务人员的服务对象进行细分，普通志愿者一般负责为老年人提供后勤服务，社会体育指导员一般负责为老年人提供普适性体育服务，这两类人员的服务对象可以是所有老年群体。医护人员的服务对象是需要健康生活的老年人，专业体育服务人员主要针对的是特殊老年群体，如行动不便的老年人等，重在为他们提供定制的个性化服务。

第二，预约服务系统。预约服务系统包括服务申请和活动设置。服务申请的主要功能就是通过信息传递向平台提出服务请求。在提出服务请求时，要把服务场馆的时间要求、人员要求等问题说清楚，等待平台进行服务配置。由于当前老年体育服务资源较为紧张，服务申请很难得到立刻安排，所以老年人一定要提前计划，提前申请，以免等待太长时间。在活动设置中，要有主动推介功能，老年智慧体育服务平台在服务资源空闲时，向部分有特殊需求的老年人发出服务推介，既方便了老年人，提升了老年体育服务资源的利用效率，也能够在一定程度上缓解老年体育服务资源不足的问题。

第三，安排管理系统。安排管理系统包括4个部分的内容：①健康促进服务安排管理，服务对象可以根据需求选择体质监测、运动处方、健康促进、健康评价等服务；②健身指导服务，包括安排管理、健身指导供给、专家咨询、老年人健身评价；③关于场馆设施服务，服务对象可以根据需求查阅设施使用信息、实时信息、预定信息、维护信息，进行场馆设施预定；④活动组织服务安排管理，服务对象可以通过页面浏览活动宣传、信息发布、志愿者征集等信息，老年人及其家属可以选择参与项目并进行在线报名，活动的组织者及管理部门可以通过系统对活动进行组织安排。

第四，意见反馈系统。意见反馈系统包括评价监督和在线交流两个部分。在评价监督里面，主要分为用户评价、社区评价、处理决定三个部分的内容。用户评价是指老年人在服务完成后，对服务人员、服务场馆进行的评价，主要包括服务人员的态度是否热情，是否存在敷衍了事的情况，着装是否符合要求、服务水平能否达到个人要求，收费是否合理，是否符合规定等。社区评价是工作人员对一定时期内老年人的个人评价进行的总结概括，由此得出对具体服务场馆和服务人员的整体评价，这种整体评价既可以是描述性的评价，也可以是等级评价，可以使老年人准确了解服务场馆和服务人员的服务质量信息。处理决定一般是辖区政府根据社区整体评价，在一定周期内对服务场馆和服务人员进行的管理。对一些不收费的场馆设施，辖区政府要和相关单位进行沟通，让单位及时了解老年人对服务场馆的意见，以便及时改进。

（4）智能终端对接系统

智能终端对接系统的主要任务是提供链接服务，通过把各类终端设备接口与系统链接，实现老年健身、健康等数据信息的传送，保证信息采集的便捷性、准确性，实现信息共享。

（5）智能结算系统

一般来说，结算系统包括现金结算系统和网上结算系统两类。考虑到体育服务的即时性特点，老年社区智慧体育服务结算系统主要以网上结算为主，要充分考虑老年人的实际特点，降低老年人在进行服务购买时对现金的依赖程度，主要通过支持银联支付、微信支付、支付宝支付等形式，为老年人及其家属提供多元化的支付方式。

考虑到老年人较强的实用性心理特点，在具体实践中，老年社区智慧体育服务业务系统采用通证化管理，具体表现为老年人通过可穿戴设备采集健身数据，通过"运动挖矿"或者"链上锚定"的形式，将自身的健身数据在业务系统中记录下来，在完成确权的同时，获得相应的通证。上传的健身数据越多，获得的通证也就越多。

对于老年人来说，获得通证的过程也就是数据所有权转化的过程，将自身的健身数据变现成可以在链上使用的通证，通过使用这些通证享受社区体育服务资源，如兑换社区体育赛事参赛资格、获取健身场馆的使用资格、获得运动处方和膳食管理建议、享受健身项目、兑换免费体检服务等。

对于政府、体育部门和社区来说，通过向老年人发行通证，获取老年人基础信息和健身数据，在公众授权的情况下，可以利用这些信息进行大数据分析，在尊重公众隐私的同时，能够发现老年人的体育服务偏好，有利于老年人体质监测、体育政策制定、统筹规划老年人体育服务内容，促进体育科学研究的开展。

对于市场主体和体育非营利组织来说，上传的体育服务资源越多，获得的通证就越多，可以为它们的服务资源带来可观的流量，推动老年体育服务产业的发展。

与此同时，政府主体、市场主体、老年人等都可以在业务系统中对服务资源、服务质量、管理水平等进行评分，利用区块链技术保证这些评分不可篡改，有利于促进老年社区体育服务整体供给质量的提升，真正满足多元主体的利益需求。

（五）老年社区智慧体育服务系统运行

1.老年社区智慧体育服务系统运行框架设计

我国老年社区智慧体育服务系统运行框架主要包括基础设施层、数据层、应用层、访问层四个层次。

（1）基础设施层

基础设施层主要包括通信网络、互联网、系统软件、服务器，是老年智慧体育服务系统的基础，在系统建设的过程中，要通过技术手段不断优化网络系统，保证用户信息安全，不断开发软件功能，为数据处理提供支持，保证数据处理的科学性、流畅性、及时性。

（2）数据层

数据层主要功能是要实现对数据及时的录入和传输，并进行整合与分析，将处理好的数据放在平台合适的位置上，以便不同主体可以根据自身需要及时访问数据，包括应用接口、智能接口和外部接口，通过对不同类别的接口进行权利限定实现对数据库的安全管理。

（3）应用层

应用层是老年智慧体育服务系统运行的钥匙，通过应用层，老年人可以获知各类信息，选择适合自己的服务人员、服务时间和服务项目，可以在身体活动时及时了解自身健康状况、身体功能状况，实现老年健身与老年健康的紧密融合。管理部门可以通过应用层了解辖区老年人信息及老年公共体育服务供给效果，为老年体育工作、卫生医疗工作提供数据支撑。市场主体可以通过线上线下相结合的方式，提高场馆利用效率，降低运营成本，提高服务收益。社区可以通过应用层为老年人协调体育服务资源，组织各类老年体育活动和比赛，进行各类信息调查，不断提高社区管理绩效。

（4）访问层

访问层主要包括平台访问对象和访问方式。访问对象一般包括社区工作人员、政府工作人员、社区体育服务人员、服务供应商、老年人及其家属等。访问方式一般都是通过 App、浏览器对老年社区体育服务智慧平台进行业务处理、信息处理和数据处理。

2.老年社区智慧体育服务系统运行流程设计

老年社区智慧体育服务系统的工作流程相对比较复杂，主要是不同的服务对象根据需要，利用平台决策程序对需要服务的内容进行决策分析，选择出最为科学、合理、可行的解决方案，获取理想的服务，实现服务目标。老年社区智慧体育服务系统工作流程主要分为6步，这6个步骤不是孤立的，而是通过平台系统相互联系、相互配合的，以完成工作任务。

第1步：社区工作人员、政府工作人员、社区体育服务人员、服务供应商、老年人及其家属，通过访问层进行人机交互，确定服务内容。

第2步：根据服务内容，服务对象通过 Web 服务器实现对数据、信息及时的录入和传输。

第3步：系统通过数据层对录入和传输的数据和信息与数据库进行交互，向服务对象发出信息和数据反馈，为服务对象提供决策参考。

第4步：通过平台软件和系统，对数据和信息进行整合，制定出合理的行动方案，发送给服务对象，服务对象对平台给出的行动方案进行选择，将选择的结果再次传输给老年智慧体育服务平台。

第5步：平台收到服务对象选择的行动方案后，发出指令，从服务人员、服务场馆等方面为服务对象做好各项保障工作。

第6步：服务完成后，服务对象及时将服务评价反馈到综合服务平台，平台进行筛选整理，将部分信息进行存储。

3.老年社区智慧体育服务系统实践运行

我国老年社区智慧体育服务系统一般来说具有4种运营模式：①政府构建、社区运营；②政府资助、社会运营；③政府购买、市场运营；④多元共建、社区运营。

我国老年社区智慧体育服务系统的运营可以借鉴养老服务的经验，采用多元共建、社区运营的模式。在具体的管理中，政府主要负责对老年体育服务的目标、任务等进行整体规划，由社区确立适合自身特点的服务内容和服务方式，由社会力量和市场力量负责供给。采用多元共建、社区运行的模式，一方面可以在一定程度上解决在老年社区智慧体育服务供给中经费不足、专业人才不足的现实问题，提高社会主体、市场主体参与老年智慧体育服务供给的主动性、积极性，促进我国体育非营利组织和老年体育市场的发展；另一方面，可以有效避免在老年体育服务供给中过度市场化的问题，切实保障老年人的体育服务需求和体育服务利益。

我国老年社区智慧体育服务系统在运行过程中，既考虑到服务的方便快捷，又考虑到老年人的实际需求与隐私，能够较好地为智慧体育服务供给提供支撑。通过个人注册申请，每个老年人、管理者、市场经营者都拥有专属的健康身份，以老年健身电子卡、管理通行卡为载体，实现"一人一卡"。通过密码学的方法标识公众唯一的、专属的健康身份，实现该卡持有者"无秘"登录接入社区体育服务资源平台，完成健康身份的验证，管理者、市场经营者可以通过管理通行卡及时修改场地设施及服务人员数据，提高服务资源的使用效率。

在老年体育服务供给中，社区首先需要根据智慧体育服务平台的主体功能设计，对所属的老年人进行信息收集，分类建档，建立老年智慧体育服务信息数据库，对需要重点关注和救助的老年人进行评估。对老年人体育服务需求进行归纳整理，根据老年人体育服务需求寻找服务供给主体，对服务资源进行归纳分类，力求使老年体育服务需求与供给主体能够提供的体育资源互相吻合，对于缺失部分及时向所属政府部门汇报，能够补充的尽量补充，不能补充的及时与老年人做好沟通，将老年体育服务需求信息和资源信息录入老年社区智慧体育服务系统信息数据库。

老年人可以通过手机、电脑等基础设施向服务中心发出服务请求，服务中心根据老年人请求，在服务区域内进行资源配备，在资源能够满足老年人服务需求的情况下，给老年人发出服务信息，在服务资源暂时无法满足老年人服务需求的情况下，对情况进行简要说明。定期通过智慧体育服务平台对老年人进行满意度调查，将调查的结果输入数据库，与供给主体进行沟通交流，保证服务的质量和效率。对于需要重点关注和救助的老年人，在接到服务请求时，要根据老年人的年龄、疾病情况、身体功能情况安排合适的运动项目和服务方式，一般情况下需要要求家人、社会体育指导员、志愿者等陪同，服务结束后，要对这些特殊老年人群体进行健康监测，保证服务过程的安全性。

总的来看，我国老年社区智慧体育服务系统在管理方面，能够在社区、政府、体育非营利组织、相关企业、公众之间基本实现信息共享，提高了管理效率；在老年体育服务功能方面，能够通过"无秘"登录和专属身份管理等方式实现老年体育服务供给与需求的有机结合；在资源整合方面，能够充分利用系统终端提高利用效率；在信息沟通等方面，可以利用系统平台实现对辖区内老年人的全覆盖，能够从整体上提高我国老年体育服务水平，进一步激励老年人积极参与体育锻炼，从而实现老年健身与老年健康的互融互动发展，对于提高老年体育服务供给水平具有重要意义。

四、老年社区智慧体育服务系统的推进策略

（一）加强政策支持

智慧体育建设在我国已经提出多年，我国要以建设智慧城市等为抓手，运用大数据提升国家的治理能力，保障和改善民生。这也对体育领域提出新的要求。要想促进我国老年社区智慧体育服务的发展，当前必须加强政策支持，具体如下：

第一，在老年体育政策制定中突出智慧体育服务在未来发展中的重要地位，引导我国老年体育服务发展方向。

第二，在产业政策中对老年智慧体育服务产业进行扶持，通过税收及金融政策刺激老年智慧体育服务产业的发展。

第三，加强政策宣传，为老年智慧体育服务的发展创造良好的社会氛围，

为老年智慧体育服务的不断推进创造条件。

（二）推进多元合作

老年社区智慧体育服务系统的构建，不仅需要充足的资金支持，还需要专业技术人才及互联网、大数据技术等方面的支持，单独依靠政府是无法实现的，这就需要在老年社区智慧体育服务系统构建中加强社会协同。政府要负责整体规划、设计；体育非营利组织要积极参与老年社区智慧体育服务系统的运营，为老年人提供健身指导人才和志愿服务；市场要逐步加大对于老年智慧体育服务的投入力度，弥补政府在经费、场地、设施等方面的不足；高校及科研机构要加大专业人才培养力度，尽快缓解人才不足的局面，为老年社区智慧体育服务系统的构建、运营提供人才支持。

（三）突出政府责任

在老年社区智慧体育服务系统构建中，既要强调多元合作，也要强调政府的主体责任，政府不能通过公共体育服务社会化改革简单地把老年智慧体育服务供给任务推向市场。在经费投入方面，政府要承担主要部分，社会力量和市场力量只是对政府不足的补充，尤其是在服务系统构建的初期，市场发育不够成熟，无法吸引较多的社会资金和市场资金，地方政府要给予充足的资金支持，不断进行老年公共体育服务场馆、设施建设。不能把社会和市场作为老年智慧体育服务供给的主要力量。在管理方面，政府要充分利用智慧服务平台，发挥大数据优势，不断提高管理绩效，协调不同主体利益，保障老年智慧体育服务供给的可持续发展。

（四）强化部门协同

第一，加强体育管理部门和规划部门的协同，在社区智慧体育服务系统的构建中，不能与社区的整体规划冲突。

第二，加强体育管理部门与财政部门的协同，及时了解财政部门能够为社区智慧体育服务的构建、运行提供的资金情况，保证系统良性运行。

第三，加强社区与卫生、教育、民政部门的协同，目前健康促进服务是由卫生、民政、教育等部门"齐抓共管"的，这就需要多部门相互协作，共同推进老年社区智慧体育服务的发展。

（五）加快技术创新

老年社区智慧体育服务系统的构建与运营涉及很多先进的科学技术，包括物联网技术、云计算技术等，老年社区智慧体育服务实际上是指以数字化为基础、网络化为条件、智能化为核心，运用云计算等智能技术对海量信息进行处理和分析，对包括老年健康促进、健身指导、设施利用等在内的服务需求做出智能化响应和决策。所以，要想不断提高老年智慧体育服务供给能力，就需要不断进行技术创新，面对智能制造、"互联网＋"、数字经济、共享经济等带来的创新发展浪潮，加强相关技术领域的研究，这样才能更好地满足老年社区智慧体育服务系统的构建与运行需求。

第四节 高校智慧体育服务体系构建

随着 5G、区块链、物联网、移动传感技术、3D 打印、大数据、人工智能等信息科学技术的快速发展，新一轮智能科技革命正驱动认知模式、生存环境、社会生产力等基础层面系统的变革，亦给传统教育理念、教育形态和发展生态带来冲击与挑战，教育服务范式创新呼之欲出。

与此同时，随着智慧教育理论的基本确立与学科实践的扩展，信息技术在高校体育垂直应用场景不断延伸，高校体育改革创新亦不断突破。体育翻转课堂、虚拟体育课堂、体育慕课、体育微课等教学模式与手段推陈出新，加快了新时期体育教学改革的步伐。

由智能时代技术不断衍生出的新应用、新场景使高校体育服务环境正发生重大改变，并由外向内对高校传统单一化的体育服务方式、碎片化的体育服务功能、松散化的体育服务结构形成冲击。

一、高校智慧体育服务的逻辑内涵

高校智慧体育服务和传统的高校体育教育活动产生的服务本质区别在于"智慧"的赋能。"智慧"的本意是生物所具有的基于神经器官的一种高级的综合能力，包含感知辨别、逻辑推理、判断决策等。尽管"智慧"有不同的含义，但"智慧"于外首先代表着积极的、创新的综合能力，于内是向善、共善的价值理解与道德认同。

（一）教育信息化视角

高校智慧体育服务是高校智慧教育服务体系的有机组成部分，从教育信息化视角来看，高校智慧体育服务的"智慧外核"是一种"技术智慧"，是依托5G、区块链、物联网、大数据、人工智能等现代信息技术打造的平台与环境，是实现人机协同的先进技术手段。具体体现在以下两个方面：

第一，创建沉浸式运动虚拟场景。其不仅能有效解决高校各运动项目装备配给不足、场地安全存在风险等问题，更能让学习者身临其境，全然沉浸在生动的体育场景中上。

第二，铺设立体化技术学习路径。学生借助各种可穿戴设备，通过计算和服务模型应用，扩展运动信息输入来源，生成高校体育课程教学诊断与反馈的量化依据，助推多维感知立体化学习通道的形成。

（二）教育服务本质视角

从教育服务本质来看，高校智慧体育服务的"智慧内核"是一种"人本智慧"。其以教育服务对象的体育需求为核心，通过服务形式、服务内容、服务功能的系统变革，提供最需要、最适合、最精准、最便捷的个性化体育教学服务、健康管理服务等，彰显以人为本的服务主旨，具体体现在以下方面：

第一，服务形式的开放性。在现代信息技术支持下，高校师生仅需持智能终端进入智慧体育服务平台，便能随时随地、自由高效地获得"菜单式"体育资源与服务，使运动无处不在。

第二，服务内容的广延性。从内容范围来看，智慧体育服务内容覆盖线上线下一体化体育课程教学，能够满足体育社区交互、智能场馆管理等多维度需求。就内容深度而言，体育课程教学技能输出在语言、图像等技术的作用下更加饱满生动，能使运动体验更加深刻。

第三，服务功能的集成性。教育服务通过智能科技与信息技术应用，充分挖掘分析全部记录数据信息并自动生成适配的个性化服务，满足学生主体差异化体育需求；通过便携式设备关联的学生心率、血压、血氧饱和度等生理指标，通过表情行为识别技术解析的运动情绪、感知觉等心理指标的双重评估反馈，能帮助实现学生运动风险的科学常态防控等。

因此，高校智慧体育服务即高校传统体育服务的智慧升级，是兼具"技术智慧"与"人本智慧"的体育服务新模式。其中，"技术智慧"是基础支撑，是智能时代高校体育服务形式、服务内容、服务功能发生改变的必要条件；而"人本智慧"是其底层逻辑，是智能时代高校体育服务系统变革的根本出发点。

基于以上讨论，可以认为高校智慧体育服务是在高校公共体育领域中全面深入运用以 5G、区块链、物联网、大数据、人工智能等为代表的新兴科学技术，围绕体育教育活动产生的人机协同服务。作为一种新的服务模式，其致力于实现更广泛的体育参与、更人性化的体育体验、更精准的健康管理、更立体的体育传播，代表着智能时代高校体育创新发展方向。

二、高校智慧体育服务的体系构建

厘清高校智慧体育服务的逻辑内涵，是高校智慧体育服务体系建构的基础。作为一种服务模式创新，高校智慧体育服务对"技术智慧"与"人本智慧"的彰显，不仅仅体现了信息技术条件与环境的变迁，更体现了高校体育服务供给与需求系统的双重变化。综观当前高校体育信息化发展进程与高校智慧体育服务建设实践，不难发现高校智慧体育服务资源分布零散、平台建设标准不统一、政策设计失衡、服务机制运行不畅，碎片化发展困境异常突出，直接制约着高校智慧体育服务供给效率的提升。以下基于"供给、需求、环境"三维分析框架视角，遵循生态供需倡导的 4C 原则——控制原则（control）、平衡原则（counterbalance）、协同原则（corporation）、循环原则（circulation），重点围绕高校体育重点工作任务与师生主体的体育诉求，建构涵盖以 SSS 需求系统、SSS 供给系统、SSS 平台为内核的基本条件与环境系统的智慧体育服务体系。

（一）"学生—教师"为主导的需求系统

在高校 SSS 需求系统中，"学生—教师"主导的双向诉求是核心。学生体育服务需求内容、需求结构、需求层次、需求规模的深层次变革是 SSS 需求系统最关切的内容。

高校学生作为网络与数字环境中成长的"数字一代"，其与生俱来的大数据、零距离、趋透明、慧分享、便操作、惠众生的互联网思维，对高校线上线下一体化体育服务的需求精准识别标记、智能定位匹配、标准化定制输出等产生更高期许，其需求层次正不断提升。

从需求内容来讲，传统单一的体育教学服务与信息资讯服务逐步向高校体育课程教学、健康管理、社区交互、体育装备、赛会资讯、场馆管理等全领域迈进。伴随着体育强国、健康中国战略的纵深推进，高校体育对全面人才培养战略地位的逐步确立，学生课内外体育需求自主意识不断增强，且各种穿戴式智能运动设备、健身 App、移动终端的广泛应用亦使学生个体的体育参与积极性迅速提升，高校体育需求规模呈指数增长。与此同时，多元的体质健康促进、运动交互分享等个性化体育服务逐渐升级出圈，高校体育服务需求结构从基本普适型向个性发展型转向。从整体上看，智能时代系统性变革中的学生主体SSS需求逐渐呈现出智能信息化、泛多元化、内驱个性化的发展特征。

作为学生SSS需求的规划引导者，体育教师在体育教学、群体竞赛、体测管理、体育科研等领域的内在诉求更强调专业匹配与教育导向在技术操作层面的落地。体育教师对学生SSS需求的动态关注、引导规划、技术回应的过程，亦是体育教师将体育运动客观规律、"以体育人"价值功能等融入高校体育教育教学实践的过程。同时，面对高校体育改革创新、智能信息技术更迭的情况，体育教师原有的知识储备、资源配置、活动组织等均需不断围绕学生主体的互联网思维与先进技术进行升级重构。因此，教师端需求的密切关注与精准对接是高校SSS需求系统功能运转的着眼点。

（二）多元主体协同共商的供给系统

与传统单一的学校供给主体不同，智慧体育服务供给涉及创新型高校、科研机构、社会化中介、体育科技公司、教育主管部门等主体，其有效供给在多元主体理解共商、协同合作的基础上，涉及资本、技术等不同生产要素。

在供给输出过程中，多元供给主体需厘清边界，基于共有责任协同行动，真正发挥不同作用与优势，实现功能互补，优化智慧体育服务供给质量和效率。

创新型高校作为高校智慧体育服务的发起者、实践者、管理者，是智慧体育服务供给系统的中枢。为弥补技术与资金等方面的不足，创新型高校应积极将市场机制和竞争方式引入智慧体育服务供给系统，通过合同外包、特许经营等形式，吸引集技术支持、软件开发、产品研发、品质管理于一体的体育科技创新企业的积极参与。

在企业与高校对接过程中，教育主管部门通过制度资源的调配、整合；确保高校智慧体育服务持续优化、高效运转。科研机构则将通过规划、引导、重点支持包括SSS平台标准研发等在内的重大问题研究，助力高校智慧体育产品的成果开发与转化。

此外，由若干灵活精干的中小企业构成的社会化中介，作为各供给主体联系的桥梁与纽带，通过提供体育内容资源嵌入、技术平台设计与运转等高度专业化中间服务，促进供给主体间的技术、知识与信息流通，从而有效降低体育服务信息、技术、融资的获取壁垒和交易成本。

在供给方式上，传统的标准普适化体育服务将被多元个性化的智慧体育服务取代，高校智慧体育教学、健康管理等服务供给由注重规模普惠向个体精准服务进阶。

（三）以 SSS 平台为内核的基本条件与环境系统

以 SSS 平台为内核的基本条件与环境系统主要包括以下内容：

第一，体育智能化空间与体育智能感知装备。如智能体育场馆、智慧体育教室、数字化运动实验室、人工智能虚拟仿真实训室或基于 RFID 技术和传感器技术的智能型体育装备、各种智能移动终端等。

第二，新一代泛在网络设施。作为互联共通的基础，泛在网络基于 5G 移动通信网络超低延时、精准自动、超广连接、互联协同等特点不断升级，逐步实现未来互联网、移动通信网、物联网的全面融合，从而提供更高效能的泛在通信服务。

第三，云平台服务基础设施。SSS 集成云平台以大数据为中心，以智能感知为神经末梢，以移动互联为神经网络，重构"供给—反馈"关联链路和供给配置核心节点。其"去中间化"将有效缩短供需信息交换周期，优化资源要素在对接关联过程中的动态流动和重组，增强供需的精准匹配度。

1.SSS 云平台技术架构解析

SSS 集成云平台作为高校智慧体育服务的功能载体，其平台架构是从技术视角全面规划 SSS 的各技术元素层级以及各技术元素之间的逻辑关系。按领域信息化的普适性规律，SSS 平台架构属层次化的体系结构如下：

（1）基础设施层

基础设施层为 SSS 平台的运行提供基础保障，通过与基础设施如网络设备、物理连接及存储、安全设备和服务器等的协同建设，为各资源子系统部署、应用系统运行和信息化建设扩展提供软硬件方面的基础环境。

（2）数据支撑层

数据支撑层即平台的数据存储与处理层。该层主要提供支持信息计算与存储的集成化环境，将海量的分散异构数据进行整合与加工，实现工作流管理、可视化展示等个性化业务应用的高效开发、功能集成、结构部署与运维管理。

（3）应用服务层

应用服务层主要围绕高校体育改革现实诉求与工作重点，面向服务对象提供智慧体育课程教学模块、智慧体育体质健康模块、智慧体育赛会管理模块、智慧体育场馆服务模块、智能体育校园装备模块、智慧体育社区交互模块等应用服务。基于 SaaS 技术，SSS 平台将进行智能类别引导、资源分类与编目、数据跟踪等多项服务，实现 SSS 的集成化、模块化。

（4）客户访问层

该层面向授权的终端用户，通过标准的接口登录 SSS，使用权限和享受服务。同时，云平台借助 Web2.0 技术中的 B/S 结构，方便用户通过浏览器或者手机实现 Web 远程访问。

2.SSS 平台主应用模块设计

围绕高校体育重点工作任务与师生主体的体育诉求，SSS 平台应用模块包括但不限于以下模块：

第一，智慧体育课程教学模块。主要是面向全体学生的不同运动项目的线上线下一体化体育公共课程教学，细分单元包括课前导学、课内辅导、课后反馈等。

第二，智慧体育体质健康模块。包括体质测试数据查询、运动处方、免补测申请等内容。该模块通过对学生身体形态、身体素质、运动能力等动态数据的统计分析，将实时预警与运动干预有机结合，为学生体质健康保驾护航。

第三，智慧体育赛会管理模块。为师生提供一站式、全方位体育赛事资讯服务。

第四，智慧体育场馆服务模块。对标学校场馆资源可视化、流程标准化管理，涵盖玩转场馆、场馆预约、通知公告、培训课程等内容。

第五，智能体育校园装备模块。发布最新的智能体育运动装备信息，根据初级入门、中级进阶、高级玩家三大装备阵营创设团购通道，引导高校体育高端消费流。

第六，智慧体育科研管理模块。对在校师生体育科研项目、经费、成果、学术活动实时管理。

第七，智慧体育社区交互模块。关注高校体育社群的成长与发展，协调与构建有温度、有情怀的体育社群交互空间。

3.应用模块价值创新路径解析

为更好地明晰 SSS 应用服务层七大模块，依托智能空间、移动终端、泛在网络等基本环境条件支持，打通并融合以大数据为中心的存储与计算，实现模块有效运转与价值功能输出的过程，以下以智慧体育课程教学模块为例，通过以大数据为核心的五个基础链接阶段，对模块价值创新进行路径解析。

第一，需求识别。基于学生体质健康水平、体育认知与技术能力、体育学习诉求与运动偏好等基础数据采集，体育课程学习需求指令智能生成。

第二，精准匹配。通过对系统数据分析挖掘，提供精准匹配的课程学习方案。教学动态分层的有效介入，个性化的运动风险干预方案设计启动。

第三，智能推送。当个性化学习方案智能推送到平台用户界面时，学生便可借助泛在网络与移动终端，即使在碎片化的时间段，也能根据模块架构中不同场景的学习流程、具体要求进行任务操作与技能学习。

第四，决策实施。在线学习一经进入某任务点，教师便通过智能感知同步追踪与即时分享学习过程数据，监督与掌控体育教学实施效率，适时进行"体育精神、运动实践、健康促进"三维度的专业评估，并对存在的非标准问题进行个性化辅导与建议。

第五，即时评价与反馈。将学生在用户端完成的教学评价即时反馈到智能学习系统，推动后续体育教学质量提升。

在五个基础链接阶段里，借助 SSS 平台的体育课程教学从根本上激发了师生"价值共创"的主动性与能动性，实现了新时期技术支持的"体育教学相长"。

三、高校智慧体育服务体系的运行机制与保障

（一）高校智慧体育服务体系的运行机制

智慧体育服务运行机制是高校智慧体育服务供给系统、需求系统、基本条件与环境系统运行过程中各系统内部以及各系统之间相互联系的动力、规则和程序的总和。运行机制可以增强系统要素内在活力及对外应变能力，使高校智慧体育服务活动高效有序进行，是智慧体育服务过程中的主体机制。在智慧体育服务体系运行的实际过程中，多元主体不是简单地纳入高校智慧体育服务框架体系，而是面向高校体育改革创新领域的一次全面系统的结构化调整与精细化修正，体现了创新型高校、体育科技企业、社会化中介、科研机构、教育主管部门乃至师生主体共商合作、风险共担、利益共享的价值目标。因此，以下将从目标导向、动力整合、利益协调、共享发展四大机制探究高校智慧体育服务体系的运行逻辑。

1.目标导向

目标导向机制对智慧体育服务体系各资源要素配置起到主导性作用，具有凝聚、辐射、规范等功能。坚持目标导向，首先，必须深刻把握学生体育核心素养培育、教师体育教学质量和水平提升、高校体育管理效能优化三大目标锁链，并使其全过程贯穿在高校智慧体育服务体系中。其次，切实推进高校智慧体育硬件设施筹建、平台规划设计等与三大目标对接的匹配度与契合度。创新型高校应根据本校体育工作实际，制定科学可行的智慧体育服务建设规划与实施战略，切实作用于三大目标。

2.动力整合

在目标导向机制的影响下，差异性、多样性动力源不断汇聚。高校"数字一代"多样化体育需求、创新型高校体育改革创新愿景共同构成本源性动力；而企业致力于实现现代新兴信息技术体育应用场景创设与运维构成运行性动力；科研机构与教育主管部门的技术与政策形成必不可少的支持引导力。一方面需围绕既定三大目标进行统摄性整合，使多动力从分散走向规定性的统一；另一方面进行发展性整合，使多动力内生性互相适应与促进。从现阶段来看，面对大部分高校管理制度变迁阻力重重、体育学科边缘化、财政支出紧张等现实窘境，教育主管部门需以学生的战略思维，重点加强学校"智慧体育"新基建实施的政策支持力度，创造良好的外部支持环境。高校应主动探索多元共商下的风险承担与收益分配方式，明确投资主体的权利与收益，为多动力整合提供基础保障。

3.利益协调

智慧体育服务各利益主体在不同优势资源与发展力量的整合过程中，受高校管理体制约束、市场环境变化、利益驱使等影响，多元供给主体间的矛盾和冲突是不可避免的。当前较为常见的是体育科技企业资本运营与高校规范管理之间的矛盾。例如，乐跑体育公司在"步道乐跑"App项目前期为了增加用户流量，抢占市场份额，与诸多高校进行了"低收费"甚至"零收费"的协约合作，其快速扩张直接导致平台超负荷运转。学生利用平台漏洞虚拟定位线路，刷次数、替考等作弊行为屡见不鲜，且平台数据安全与个人隐私保护受到挑战。由此，高校应充分运用约束性激励政策，规范匹配相关企业组织事权与责任。一方面通过建立平等对话，在确保学生体育公共权益的前提下，尊重企业组织正当的经济利益诉求；另一方面对项目实施过程中出现的权力寻租和利益捕获行为，进行责任追究和利益补偿；此外，应充分发挥公众、媒体及第三方监管优势，统筹维护各方利益协调。

4.共享发展

共享发展机制本质上是建立智慧体育服务供给主体间内生性依存关系。

一方面，通过价值共创的理念引导与协同合作的法律协议，使创新型高校、体育科技企业、社会化中介、科研机构、教育主管部门等从理解、产生共识转向结构化的契约合作，促进体育新知识、新技术、新资源共融共享并转化为更大范围的合作利益。

另一方面，推进管理制度化建设，实现可持续共享。例如，市场化遴选优质的体育科技企业，杜绝小微企业因技术掣肘而产生运营乱象；对合作过程中出现的新问题实现有效监管，激励、约束、监督各方权责落实，形成有效的制度化退出机制等。

（二）高校智慧体育服务体系运行的保障

1.探索建立"政府支持、市场参与、多方筹措"的经费支持通路

探索建立有效的经费支持通路是智慧体育服务建设的物质基础。

第一，明确高校智慧体育服务准公共服务的产品属性，积极探索公共服务和增值服务相互配合支持的智慧体育服务供给结构，激活市场主体资本投入积极性，且从制度上保障投资主体的收益权利。

第二，政府主管部门应加大专项经费支持力度，适度超前统筹区域高校智慧体育服务项目规划，设立高校智慧体育服务发展引导基金，为高校智慧体育服务提供资金支持和融资平台。

第三，高校应积极主动争取国家或地方教育信息化等专项转移支付资金，同时发挥高校智慧体育服务项目的杠杆作用，有效引导与撬动社会力量支持高校智慧体育服务体系建设。

2.夯实以大数据为核心的智慧体育服务平台建设基石

随着高校体育大数据在 SSS 平台创新发展中的核心价值逐步凸显，学生各项数据的持续采集、动态汇聚、深度挖掘与有效转换成为 SSS 发展的重要支撑。

第一，全面采集与完善学生体育服务基础数据，重点关注与研发学生体育知识技能线下学习过程性数据，突出数据采集的质量和标准，为各项诊断与评估提供可靠的数据来源。

第二，深度挖掘高校体育业务需求，协同拓展体育服务数据实践融合应用的广度和深度，逐步覆盖高校体育教学、运动竞赛、运动训练等服务全场景。

第三，充分理解高校体育服务的专业特质，优化以"数字一代"学生用户体验为核心的高校智慧体育服务产品流程设计与体系架构，不断增强高校智慧体育服务数据分析模型的准确性，提升智慧体育服务相关大数据产品质量。

第四，注重高标准的隐私保护与数据安全，如尝试建构高校智慧体育服务大数据产品准入机制，从数据安全、技术能力、运行维护等维度遴选高质量服务商的协同介入，技术防范智慧体育服务大数据高维关联带来的隐私泄露，为区域高校智慧体育服务资源的开放共享提供可能。

3.引导学生共创共享智能信息时代高校智慧体育成果

高校智慧体育服务在引领高校体育改革创新的同时，势必对高校传统的体育学习思维、体育管理模式、体育文化环境带来巨大冲击与挑战。创新型高校应有效引导学生共创共享体育智能信息时代高校智慧体育成果。

第一，高校应加强智慧体育服务工作战略布局，注重智慧体育服务的文化与制度建设，创建融合开放的智慧体育服务运行环境，使教育主体充分感受智能信息时代体育创新发展的智慧力量。

第二，研判学生新形势下运动技术学习路径、体育娱乐方式转变过程中的管理困局，直面学生智慧体育服务过程中的痛点，着力提升智慧体育服务的人本适应性。

第三，强化学生主体在智慧体育服务过程中的自主性与能动性，鼓励学生全情参与和实时反馈并举，形成良性循环和正向促进，实现高校智慧体育服务价值共创与共享。

4.实现高校体育教师智慧素养与智慧能力集成

高校智慧体育服务以其个性化、跨界融合、分享体验等特征，使学生徜徉在自主快乐的主旋律中。而对体育教师主体而言，则意味着需要面对高校体育教育系统性变革中的角色冲突、教师权威与职业规划等多元挑战。青年体育教师肩负时代使命，必须主动担当、与时俱进，不断增强智慧成长的紧迫感和责任感，将自身的专业知识转变成智慧，使其物化于智能科技支撑的现代教育技术大环境，对接新时期高校智慧体育发展的新要求、新标准。

同时，创新型高校亟需建立体育教师智慧素养与智慧能力培育的长效机制，促进高校体育教师智慧成长。从考评制度上，将智慧素养与智慧能力的相关指标纳入体育教师相关考评内容框架，提升体育教师智慧成长的主动性与积极性。在管理实践中，努力创造机会与条件（如慕课、微课、翻转课堂等各类运动技术课程研究与开发，信息技术应用操作，技术交流模拟实践等），促进体育教师业务专项技术知识的智慧输出。

5.综合性绩效评价引领提升高校智慧体育服务管理效能

作为组织管理的核心环节和基本手段，高校智慧体育服务绩效评价是对智慧体育服务质量和水平的测度，是对智慧体育服务建设目标实现程度的检视，是智慧体育服务系统优化运行的客观要求。高校应积极倡导以综合性绩效评价实现高校智慧体育服务管理效能提升。

第一，尊重学生个性、态度、知识与行为方式差异，坚持学生主体体育诉求表达和体育服务结果满意度的价值导向，推进智慧体育服务绩效评估管理。

第二，基于智慧体育服务实践的正当性、有效性、发展性，确定制度建设、主体感知和体育价值发展三个维度的绩效评价框架，生成绩效评价指标。

第三，在绩效评价实施过程中，注重综合主观和客观数据、内部和外部评价主体等多因素的相互嵌入，确保对服务交互过程中的质量水平均衡评判。

第四，对标高校智慧体育服务导向和规范，对绩效评价实践问题进行科学总结，厘清各利益主体的权责关系，形成多主体间的绩效反馈通路，不断改进与提升高校智慧体育服务能力与水平。

第六章　智慧体育的发展及融合创新研究

第一节　智慧体育的发展理念与趋势

一、智慧体育的发展理念

体育与人民健康紧密相连，兼具多元价值，其发展具有必然性。特别是在政策、技术、消费等因素的推动下，体育已然踏上智慧化的转型升级之路。然而，我们仍应清醒地认识到转型发展不是一蹴而就的，当前的智慧体育仍需经历发展的过程，智慧体育的发展固然前景光明，过程依旧曲折，发展之路任重而道远。

（一）聚焦用户需求

智慧体育作为体育转型升级的成果，是体育发展的必由之路，更是需求刺激的产物。随着体育的不断发展，其内在逻辑反而愈加清晰，用户在体育发展中的地位更加显著。深挖用户需求，回归体育本源，正在成为智慧体育发展的一大趋势，也正成为突破困境的可能路径。

1.聚焦需求，倒逼体育求变

聚焦用户需求，为体育革新与发展提供最为切实、直接的指导依据。例如在赛事 IP 的推广方面，更迅速、更精准推广最有效的方式，还是在于立足用户本身，研究用户的行为，深挖用户的需求，制造用户感兴趣的传播点，进而使用户自觉、自愿地参与传播推广活动。而用户日趋多样化、复杂化的需求，会给体育市场主体革新带来压力与动力，倒逼其不断进行新业态、新模式探索。这种探索一方面体现在发现需求、将需求转换为市场的过程，另一方面体现在通过供给侧结构性改革，丰富体育产品、服务供给，主动培育体育需求。简单来讲，就是开发已有市场或创造新市场。而无论是开发已有市场或是创造新市场，聚焦用户需求均会使体育更贴近实际、贴近用户。急用户之所急，想用户之所想，体育发展的困境便会更清晰地暴露出来，进而发现变革的依据与契机，推动体育主动求变，走出困境。

2.聚焦需求，推动制度搭建

聚焦需求主动变革体育规则制度，体现在通过体育规划的制定以明确发展方向，实施优惠政策扶持智慧体育前行，出台法律法规保障智慧体育发展，完善监督、管理体制及运行机制以维护智慧体育健康可持续发展。更为具体的内容包括建立政府主导、市场参与、社会支持的体育人才培养机制，全民健身配套政策的出台等。

例如，为使更多用户有能力参与体育运动，北京市出台全民健身消费补助办法，拟通过发放"体育消费券"的方式，直接补助给个人。在规则体系的建设与完善方面，引导支持与监管约束相结合是一项重要的原则。既要支持体育发展提速，又要保证其发展的可控性，而支持与控制的依据均源于更全面、更优质、更持续地满足用户的需要。

完善制度架构的搭建及落实不在一朝一夕，而是一个复杂的、系统的、持续的过程，这一过程离不开政府的努力，更离不开各体育主体的支持。特别是在体育市场化及政府职能转变后，更需要行业协会等主体尽快承担起提供行业公共产品、规范市场主体行为的职责。另外在规则的落实方面，更需要各企业主体乃至每一位用户树立规则意识，共同推动智慧体育良性发展。

3.聚焦需求，促进制度落地

聚焦需求主动求变体现在具体行为上，包括加强体育基础设施建设、培育新的体育增长点、丰富体育产品与服务等方面。具体行为的变化强调挖掘体育的社会价值，即使体育更好地为大众服务，追求极佳的用户体验，培养可靠的用户忠实度，满足用户健康、娱乐、休闲等方面的需求。政府开始通过修缮、建设体育运动场馆等方式，加码体育基础设施建设，为大众运动的开展提供场地。数以万计的体育公司尝试通过创造更符合时下潮流的新运动、新产品、新服务，打造更符合用户需求的体育品牌，丰富体育运动资源。这些产品与服务均对传统体育形态进行了不同程度的改进，或更科学、更专业，或更具趣味性、互动性，或融合体育外资源、元素，均是推动体育更符合用户需求的积极尝试。这一系列跨行业领域大刀阔斧的尝试，在带来挑战的同时，更创造了突破性的机遇。

秉承立足用户需求所进行的一系列探索及服务创新，彻底改变了传统体育以产品为中心的运作方式，通过开发更多样的运动渠道、更灵活的运动方式、更优质的运动氛围，使用户可以随时随地参与体育运动，将智慧体育打造为一种全新的生活方式。而随着以健身运动维持健康身体状态需求的日趋增长，体育与医疗渐趋融合，体育产品及服务业也开始在提供更科学的运动指导方面下功夫。

（二）发挥技术力量

技术进步是驱动体育变革的重要影响因素，也是推动体育突破困境的重要力量。智慧体育本身便是新技术对体育渗透的成果，这种渗透在智慧体育时代已逐渐成为一种常态。大数据、物联网、虚拟现实、人工智能等信息技术，加速推进体育在内容、形式、方式、手段等方面的创新，并为体育困境突破提供技术支持及可能的方案选择。

作为孕育智慧体育的重要元素之一，技术与体育之间的联系异常密切，毕竟如果没有技术的支持，智慧体育也就难以被称为"智慧"。现如今，我们正在迎来一个泛智能化时代，芯片、通信、材料、传感甚至生物技术将不断进步，万物智能互联互通。技术与产业的融合日益密切，技术成果转化的周期变短，技术实际应用不断深入，技术创新逐步步入常态化。具体到体育行业，技术在应用需求的推动下完成创新和迭代升级，并被再度应用于体育升级与发展中，形成体育与产业之间的双向互动关系。而每一次的创新发展都意味着对传统的继承与突破，意味着对发展困境突破路径的探索。

1.技术辅助科学决策

技术进步的突出成果之一在于实现辅助人脑做出科学决策，通过物联网、云计算和大数据等技术的融合，将用户、用户运动行为、体育产品、体育服务等结构化或非结构化的场景赋予数字化的内涵。通过对数据信息的组织、排序、过滤、检索，从大量噪声信息中快速找到准确且有价值的信息，将碎片化体育信息进行整合及模拟，即实现由数据采集、数据处理、数据分析、数据应用四大过程组合形成的完整闭环，实现数据的价值化呈现，进而与专家经验相结合，辅助体育决策的制定。

将新技术运用于辅助决策，对决策制定的科学性及决策与用户需求的契合程度，无疑都是有益的。从微观层面来说，科学决策可以为用户提供科学的运动方案选择，并为体育规则的落地提供支持。

例如，在传统赛事中，裁判的主观因素可在较大程度上影响赛事的走向，裁判个人具有较大的操作空间，对于有争议的判罚结果的讨论从未终止。而视频助理裁判（VAR）的出现，在提升赛事公平、公正性方面持续发力，无疑是突破体育规则困境的一大积极尝试。VAR技术被应用于改变比赛走势的"明显错漏判"，包括可能发生的犯规行为、点球、红牌及处罚对象错误等。通过对赛事全程录制及视频回放，确保裁判在每个人都能立即看到的地方不犯错误，以最小限度地打断比赛、最大限度地获得收益。

2.技术激发用户参与

技术进步在突破体育用户参与度不足困境方面，成效显著。

一方面，新技术可以延伸体育增值服务，在需求端实现"比你懂你""随处随想""所见即得"的体验升级，使体育本身更具魅力，从而激发用户主动参与体育运动的热情。例如，在场馆的建设运营方面，为提升观赛用户的忠诚度，运营者在提升观赛体验方面进行探索，将新技术应用于售票、安保、通信、现场展示的每一个环节当中。在运动器械生产、设计方面，运动器械厂家将数据采集、处理、分析的一整套技术应用于运动器械中，使用户充分了解自己的运动状况，并进行科学的调整；应用 VR、人工智能技术，将游戏等元素融入体育运动，使运动的过程更具趣味性。

另一方面，新技术可以有效拓展参与渠道，提升用户参与的便利性、有效性。较为突出的体现是在原有线下参与的基础上，拓展出赛事直播等线上参与渠道。摄像跟踪等先进技术应用于赛事直播、录播，具备比肉眼更强大、精准的跟踪、记录能力，捕捉运动员运动的每一个瞬间，并对精彩瞬间进行全视角呈现及存储回放，带给线上用户极佳的运动体验。线上渠道的开拓可以有效打破用户参与体育运动的时间、空间界限，使其随时随地参与体育运动。

（三）牢筑体育生态

智慧体育本身是一个集合多主体、要素及相互关系的高度开放、彼此影响、可持续发展的完整生态，其中诸多困境的出现源于生态建设不够完善，包括各要素不能良好融合、各主体不能彼此协同、生态环境不健全或环境污染等。因此，牢筑体育生态无疑是突破体育困境的有效路径之一。

1.生态建设推动多主体协同

牢筑体育生态体现在多主体协同合作上。体育发展不能依靠政府"独轮驱动"，而需要政府、市场、社会大众多主体力量的支持。政府力量具备在短时间内集中强化体育发展的优势条件，但也具有短板和弱项。特别在市场经济时代，更强调让市场主体自主决策、自主运营，使市场机制有效发挥作用。多主体参与强调在现有体系与能力持续发挥作用的同时，积极发挥市场等主体在资源配置中的作用，发挥各自优势，实现多方携手、合作共赢。作为体育发展之路的同行者，市场、用户等主体地位日益明确。政府向体育发展引导者、标准制定者、监督执行者的角色转变；企业秉承公平竞争、诚信自律的原则，积极推动体育产品服务创新，为体育发展注入活力；公众不断提升体育认知水平与消费理念，积极参与体育运动，表达自身诉求。角色地位的明确使各主体职责权利划分清晰，既不越位也不缺位，共同推动体育持续、稳定发展。

多主体的参与使各方主体的统筹协调成为必然，以求通过高度的分工与精细化合作，形成细腻的关系，进而形成稳定的利益联合体。利益联合体的建立，需要做到三点：一是尊重利益相关者；二是鼓励合作伙伴，服务合作伙伴；三是让更多主体参与体育运动。利益共同体的建立强调的是共享精神，其突出表现之一在于体育平台化，即使各主体汇聚在同一平台上，实现透明化、无障碍的信息共享与交流沟通。利益联合体的出现，使主体与主体之间形成网状的价值关联，不同体育产业链上的主体形成资源共享、优势互补的关系，有效避免不同部门、不同主体间信息不对称、沟通不畅、责任推诿等局面的发生，及由此可能造成的多重困境。

2.生态建设实现多元素融合

牢筑体育生态还体现在多元素融合上。体育本身便具有多元价值，与政治、经济、文化、社会等体系密切相连。而智慧体育的建设与发展，更是关系到经济结构调整与产业升级，关系到综合国力的提升，以及人与自然的和谐发展。

多元素的融合是智慧体育的重要特征之一，更可以为体育教育发展带来更多突破思路，对于人才吸纳、服务创新、参与扩容等均是有益的。例如，将体育融入社区，可以将个性化的运动游乐方式融入公众生活空间，让无处不在的运动因子与公众生活紧密相连，实现全民参与锻炼，共享快乐健康。将体育与教育相融合，形成体育教育这一全新业态，既利于体育人才培养，又推动体育真正走向校园，提升育运动影响力、感召力。

二、智慧体育的发展趋势

（一）无界体育

智慧体育强调以技术赋能体育、革新体育，新技术使体育用户、行为、产品、服务逐渐以结构化或非结构化数据的形式呈现出来，数据价值得以凸显。由此，体育逐步形成以技术为驱动、以数据为基础、以服务用户为目标的全新形态。在此形态下，体育逐步打破时空的界限，嵌入生产生活的每个场景当中，实现体育资源的无障碍流动及产品服务的随时随地供给，成为真正意义上的"无界体育"。

1.体育全场景化

全场景化首先体现在打破物理时空的界限，连接线下与线上，实现体育从实际运动到虚实结合的转变。这种全场景化的模式脱离了从线上到线下或从线下到线上的单向传导，形成以用户为中心的双向互动关系，实现用户、场景、体育产品服务的完美融合。

（1）跨越时空界限

全场景化强调跨越时间与空间的界限，实现线上与线下的融合，进而实现随时随地的运动体验，也因此呈现出突出的移动化特征。手机等移动设备被应用于体育领域，用户的赛事内容获取渠道逐渐转移到移动平台。特别是随着VR、移动直播、精准视频搜索等新技术的不断发展，体育俨然已进入移动互联时代。

体育移动化除体现在移动观赛，更体现在移动 App 的开发与应用上。移动App 可以使用户通过线上渠道实现体育场馆、教练、票务预订，以及体育资讯获取、体育社交、体育用品购买等多种服务。移动 App 除为体育产品、服务供给提供一系列线上渠道，更将用户与线下产品、服务相连接。这种线上与线下的融合，可以通过部分中介设备的链接来实现。而部分线上与线下的融合则更为直接，甚至不需要依靠中介设备的帮助。例如，线上的票务预订与线下观赛，线上场馆预订与线下的运动落地，本身便是不可分割的一个整体。

（2）体育无处不在

移动互联使体育现实世界与虚拟世界交错融合，进而将体育运动融入日常生活的每一个场景当中。高速发展的经济使人们每天在办公室、公园、商场、家庭等繁多的场景间不停切换，而发达的网络系统及日趋普遍的跨业融合创新，将不同的场景串联在一起，使体育真正做到无处不在。

办公园区中，完善的现代商务空间运动体验配套，可以帮助用户在工作之余借助运动放松身心、舒缓压力。体育公园实现城市绿地与体育活动用地的整合，良好协调绿地之"静"与运动之"动"，使用户达到工作与健身的统一。体育综合体将商业元素与体育相融合，使用户同时感受运动与购物的魅力。

2.体育全球化

除全场景化，无界还突出表现为体育打破国家和地域的界限，突破地理环境与人文壁垒，使不同国家、民族的体育运动相互竞争、彼此融合，呈现出全球化的特征。全球化最早是一个经济概念，是指以市场经济为基础，以先进科技和生产力为手段，以发达国家为主导，以最大利润和经济效益为目标，通过分工、贸易、投资、跨国公司和要素流动等，实现各国市场分工与协作、相互融合的过程。而体育作为人类的共同语言，也正伴随着经济全球化的进程，推动自身的"无界"变革。

（1）体育资源的全球流动

体育资源的全球流动包括体育人才的全球流动、体育资本的全球流动、相关技术的全球流动。具体表现为外籍球员、教练员数量不断增加，大型赛事全球赞助更为普遍，先进方法、技术的全球传播等。

以人才为例，体育全球化为体育人才的跨境交流提供便利，体育运动员、教练员、裁判、体育管理者、经营者、科研人员等在全球范围内的流动已逐渐成为一种常态。其中，"归化球员"成为最具代表性的现象之一。归化球员是指在出生国籍以外自愿、主动取得其他国家国籍的球员。随着全球化程度的不断加深，这种体育人才的流动所面临的障碍更小，人数也会更为庞大。

同时，体育运动、产品、服务的影响力不再局限于特定区域，而是辐射全球。放眼全球，跨境移民的出现实现了原住地与迁徙地体育运动项目及文化的融合。

除移民带来的国与国之间体育运动、文化的融合，新技术所带来的信息普及与实时共享，更是将体育的影响力延伸到全球。奥运会、亚运会、锦标赛、世界杯等大型赛事的覆盖范围不断增加、影响力不断壮大，新媒体、移动通信使这些赛事的实况信息传遍世界每个角落，商业、社交等元素的介入更是使赛事成为一个热点话题，不同国家、民族、肤色的人们都主动或被动地卷入其中。与此同时，丰富多彩的体育产品也跨越国家的界限，借助网络的平台走向世界。

（2）日趋普遍的全球竞合

谈到体育全球化，便不得不提到奥运会，奥运会是体育全球化的一个缩影，具有鲜明的"无界"特征。奥林匹克运动会是世界上影响力最大的体育盛会，自创立以来便具有超越国家、民族的意义。例如，奥运会使不同国度、不同信仰的运动员站在同一平台上，进行公平、公开、公正的体育竞技；同时，奥运会遵循统一的比赛规则，以"更高、更快、更强、更团结"的运动精神，将全球体育爱好者甚至普通公众紧密联合在一起，发挥体育跨越国界的魅力。

此外，体育全球化还突出表现在日趋密切的全球竞争与全球合作上。全球化使诸多运动联盟、体育用品制造商、体育服务公司等体育组织，开始走出本国市场，在国际上寻求进入新市场、发展新用户的机会，以获取更多资源、追求更高利润。日趋激烈的跨国竞争使大多数国家的市场环境及民族产品都不同程度地受到外来者的挑战。在全球化竞争日趋普遍的同时，多形式、多层次的全球化合作也逐渐成为一种常态。奥运会、亚运会等大型体育赛事，均需要多个国家的合作举办。为应对身体素质下降、参与度下降等较具普遍性的全球问题，诞生了一系列在国家之上的联盟。联盟的存在使制定统一的技术动作、运动成绩、违规行为、参赛资格等方面的标准成为可能，进而最大程度地保障体育运动的公平、公正。同时，针对各国体育发展面临的普遍问题进行探讨，开拓思路，找到积极有效的解决方案。

（二）幸福体育

智慧体育在新技术的作用下，跨越时间与空间的限制，形成一系列新内涵、新方法、新模式，但归根到底还是为了更好地满足用户的需求。相较于传统体育，智慧体育更强调实现体育价值的最大化，探索如何使体育更高质量地服务于更广泛的人群。而使用户在体育运动中收获幸福，也正在成为新时期体育发展的一大目标。

1.体育回归大众

随着经济水平的提升及体育产业的发展，如今的体育早已不是职业运动员的专属游戏，而是一项重视全民参与的群众性运动。让体育回归大众，正在成为新时期体育运动发展的一大目标。随着新媒体、移动通信技术等新技术的发展，越来越多的用户可以第一时间了解最新的体育动向，加之政府政策的支持、消费娱乐等元素的渗透、"体育＋"跨业融合的普遍化以及赛事热点的独特引流作用，体育离大众的距离越来越近。让更多的人了解体育、爱好体育、参与体育运动、享受体育带来的幸福，已并非一个遥不可及的梦想。

（1）运动参与全民化

如今的体育运动，已渗透至每一个校园、每一个街道、每一个社区，跑步、跳绳、健身操甚至广场舞，人们身边的体育运动形式层出不穷。这些体育运动往往简便易学、成本较低，受众面广，不受年龄、性别、身份地位等因素影响，便于在大众中间推广和传播，进而形成全民健身、全民参与的热潮。

除了直接的体育运动参与，全民参与还表现在民众对体育赛事关注度的提升。大型赛事已逐步演变为全民欢聚的盛会，其参与者不仅包括专业体育迷，更包括普通体育爱好者。从世界杯的观赛人群分析可以看出，大型赛事在吸引运动爱好者参与的同时，更吸纳了大批普通民众感受运动的快乐与氛围，共享体育运动所创造的幸福。

（2）小众体育大众化

体育回归大众，除表现在更多的用户更为平等而普遍地参与体育运动，更体现在原本受地理环境、设备成本等因素制约而局限于部分区域或人群的小众体育运动项目，开始越来越多地走入大众视野。随着收入水平的提升及体育市场需求的多样化，用户对足球、篮球、羽毛球等热门体育运动的热情被逐渐稀释，对骑行、赛车、极限运动等小众体育运动的关注度反而大幅提升。小众运动走向大众，面向更多用户，为更多人带来愉悦感与幸福感，已经成为大势所趋。

2.解码体育新生代

在体育走向大众的同时，我们应当看到，消费新时代的用户也正在发生着变革，体育用户正在迎来"新生代"。体育新生代一方面强调高质量的体育运动参与，注重定制化、专业化的深度参与方式；另一方面，强调"兴趣"导向，更重视通过泛娱乐化的方式在体育运动中收获快乐。要实现体育真正创造幸福，不仅在于广度的拓展，更在于深度的提升，即要使体育运动更精准契合用户的需求，特别是契合日益成长壮大为主流消费及服务群体的体育新生代用户的需求。

（1）高质量的运动参与

体育新生代强调高质量的运动参与，强调更优质的运动体验及更出色的运动效益。用户数据收集、定制化服务成为智慧体育的一大发展方向。规模化、批量化的体育运动产品与服务显然已无法满足强调个性化与差异化体育新生代的需求，定制化时代已然来临。

仅仅一项简单的跑步便衍生出基础跑、成熟跑、发烧跑等不同的形式，适用于不同运动周期、不同健康状况、不同年龄阶段的用户。专业化的运动设备开始普及，原本只服务于专业运动员的可穿戴设备、数据记录设备等如今已走进普通用户的生活。量身定制的球鞋、全碳素框架球拍、可吸汗防滑的手胶，舒适与专业逐渐成为用户选择体育装备的标准。加之大数据、人工智能等新技术的发展，以技术的力量记录用户日常运动状态、提供专业化的运动建议已经成为一种潮流。运动手表、运动球拍等高科技设备对用户运动时跑动距离、加速度、血压、心率等数据的收集已经并非难题。而智慧体育发展的趋势在于如何将这些采集数据进行处理、整合及深度加工，最终形成可辅助决策的有效信息，为用户提供多维度的运动状态及健康数据分析，进而在运动方式、运动强度，乃至实现最佳的运动状态及运动效益等方面，提供专业化、定制化的建议。

高质量的运动参与还体现在使用户更好地参与体育赛事。

一方面，利用社交媒体、VR 直播等技术，拉近用户与赛事项目之间的距离，并建立一种实时的联系。伴随着通信技术的发展以及 5G 时代的逼近，体育运动内容的移动化与视频化趋势愈加明显。移动资讯类 App、社交类 App等凭借丰富的运动信息资源、强大的分享互动功能，成为体育新生代了解体育资讯的首选渠道。同时，VR 直播等全新的体育参与形式迅速崛起，VR 直播赋予用户沉浸式的参与感及身临其境的观赛体验。

另一方面，挖掘更为多样的体育参与模式，加强用户与体育运动之间的互动性。例如，利用社交平台进行讨论与分享，让用户成为俱乐部合作伙伴等，通过平等开放的沟通模式及群策群力的共建模式，使用户在参与运动的过程中获得归属感，或利用自媒体平台进行专题创作，表达自身观点。

（2）使体育变"好玩"

除了强调高质量的运动参与，体育新生代更强调"兴趣"导向。高速发展的信息技术及快节奏的生活，使体育新生代参与运动的方式也趋于碎片化。碎片化的体育参与方式使用户的关注点不再局限于体育本身，而更容易集中于部分社交性、娱乐性因素，"好玩"成为俘获体育新生代的重要一环。相比专业的技术讨论，用户更乐于创造并消费从赛事、运动员衍生出的一系列体育"梗"，以更为灵活的方式、更为轻松愉快的状态，表现对体育运动的参与与关注。

以"热点"链接大众，将明星、竞猜、电竞等更多元素融入体育运动当中，会使体育运动的内涵更为丰富，同时使更广大的泛体育用户群体参与体育运动，符合体育新生代于运动中共享欢乐的诉求。例如，腾讯体育开启了"全民星战"活动，结合赛事内容、时事热点，融合当下流行元素，以嘉年华的形式打造全民参与、全民狂欢的足球体验。热点打造可以有效提升用户的参与感、互动感，满足体育新生代的需求。

（三）多元体育

随着智慧体育的不断发展，体育的外延不断扩张，内涵不断丰富，"体育＋"现象日趋普遍，体育正在向着多元化趋势不断发展。如今的体育早已不再局限于体育本身，而更多表现为"通过体育去发展"：通过体育去发展政治，展示制度自信，彰显大国责任；通过体育去发展经济，培养新经济新动能新业态，助推供给侧结构性改革；通过体育去发展社会，增加国民幸福感，培育合格公民。如今的中国正在迎来一个泛体育大时代。

1.超越体育本身

智慧体育的发展使体育在原有多元价值的基础上，不断挖掘、提取、拓展、深化。体育开始与健康、民族身份文化结构、团队荣誉等概念紧密结合，甚至完全融为一体。体育承担的责任与呈现的价值愈加趋于多元，甚至其所具有的政治意义、经济价值、文化符号等价值内涵开始逐步超越体育本身的意义。

（1）体育是社会凝聚剂

长久以来，体育运动一直承担着促进社会凝聚和整合的媒介作用。而智慧体育背景下，体育提升民众幸福感的潜能被不断挖掘，其"社会凝聚剂"的作用得以更充分彰显，成为各国政府提升社会凝聚力、激发社会责任感的重要方式。大型体育赛事的举办更可以将民众的注意力集中到一点，从中获得归属感、自豪感。

体育运动在增强社会凝聚力方面的效用，部分源于其所具有的弱关系与强联系的社交属性。体育是一种陌生人的社交，其不基于血缘、亲缘、利益等关系，但具有很强的黏性，也因此成为城市社群构建的基本要素，成为激发社会责任、凝聚社会力量的重要手段。随着智慧体育的不断发展，通过不同层面的体育组织挖掘体育社交的潜能与价值，已经成为各国的共识。

（2）体育是外交先行官

无论是马拉松的诞生或是奥林匹克的起源，回望体育的历史，无不与和平紧密结合在一起。运动员被称为"微笑的大使""穿运动衣的外交家"。体育具有公共外交属性，在国际交流中发挥着独特的作用。体育作为塑造民族形象、获得国际声望的有效方式，常被作为重要的外交政策，以求利用开展体育运动，特别是举办大型赛事，展现国家文化及良好形象，提升国际地位，进而在外交活动中占据主动权。

（3）体育是创新实践者

智慧体育使体育迈入新兴产业行列，成为创新的实践者。随着技术迭代速度、成果转化速度的不断提升，以及全球交流合作的日益密切，这种创新实践正在逐步演变为更具广泛性、开放性、持续性的常态化活动。

体育运动正逐渐成为物联网、大数据、VR、人工智能等一系列新技术的试验田。新技术的出现与融合发展，为体育发展开辟新市场，创造新动能，小到智能手环、智能跑鞋等各类智能配件，大到赛事转播中用到的全景直播技术、视频 3D 技术等创新技术。智慧体育的发展更是使"体育＋"跨业融合创新成为一种常态。体育参与者开始尝试通过体育产业资源与价值功能的重新整合，设计开发出一系列新产品、新服务，甚至发展形成新的业态体系。这使多产业间的交流与合作，体育的自我优化、转型升级趋于常态，"创新"逐渐成为体育发展的关键词。

（4）体育是经济提振器

智慧体育使体育与经济的联系日益紧密。体育营销日趋普遍化，深入挖掘运动 IP 价值，积极推进跨业融合，开拓出媒体版权、商业赞助、门票与衍生品销售等多样化收入来源。而体育运动对经济的提振效应、聚合效应、辐射效应等正向效应，更是受到越来越多的关注，甚至开始出现"体育扶贫"工程。

越来越多的国家希望借助大型赛事的举办、体育基础设施建设等手段，从体育领域入手，提振国民经济。例如，奥运会等大型赛事的举办，可以通过赛前与赛后的基础设施建设，拉动巨额投资，呈现出显著的投资乘数效应，是对经济贡献的最直接手段。同时，体育运动还会带动建筑业、旅游业、会展业等相关产业发展，如会带来游客数量的井喷式增长，并对当地住宿、零售等消费市场形成刺激。同时，体育运动的发展还会增加建筑业、环保业、旅游业、信息服务业等行业领域就业岗位，对社会就业产生提振效应。

总之，随着智慧体育的不断发展，体育正在不断超越其本身，在多元领域爆发出巨大的力量。

2.泛体育大时代

技术革新、需求膨胀、消费升级，智慧体育正在挥别"纯体育化"，迈入更强调跨业与融合的"泛体育大时代"。

泛体育即体育外延逐步扩大形成的多领域共生关系。简单来说，便是体育运动无处不在、无时不有，充分融入每个人的生活当中。从晨练老人到广场舞大妈，从都市白领马拉松热到在年轻人间流传的滑板文化，以及近年来空前火爆的徒步、路跑、骑行等项目的兴起，越来越多的人日趋频繁地参与体育运动。并且，这种参与往往有别于纯运动参与，而融合科技、旅游、健康等领域，与商业、娱乐等多元素交互、覆盖。

第二节 智慧体育与体育旅游的
融合创新

一、旅游的本质

旅游是不同国家、不同文化交流互鉴的重要渠道，旅游不同于文化，但又和文化息息相关，旅游是人类社会发展到一定阶段后的产物，是人类需求得到进一步提升后才出现的高层次的人类活动。根据世界旅游组织对旅游的描述，旅游是人们出于休闲或其他相关目的，而到其非惯常环境下生活和游玩的行为，感受当地自然环境和人文风俗等，一般停留时间不超过 1 年。旅游是人类社会经济和文化发展到一定阶段的产物，是旅游者开展的一项以领略自然神韵、汲取文化精髓为主要目的的高雅文化实践活动。这种旅游常表现为以文化为主要特征的综合性社会活动，具体从人们的"行、游、住、食、购、娱"等六大要素上获得具体的旅游体验，感受旅游所在地的自然物质环境和社会文化风俗双重内容，是集物质文明和精神文明于一体的活动过程。

旅游是一种社会现象，是随着人类社会经济发展而演进的。旅游表现出以下重要本质：

第一，旅游是高层次的人类需求活动。旅游不是最基础的生存需求类活动，而是更高层次的人类需求，是人类求新、求异、求美的综合表现。

第二，旅游和文化紧密联系，相辅相成。旅游最重要的目的就是感受不同的文化，这个文化既可以是有形的自然文化，也可以是无形的精神文化，还可以是外化的行为文化等，这些文化都是旅游的重要组成元素。同时，丰富的文化也将推动旅游内容的扩展，提升旅游的内涵和品质。

第三，旅游还是一种重要的经济业态。旅游一直是一项重要的经济来源，不同区域，尤其是旅游资源丰富的地区已将旅游作为一项重要的产业带动地方经济发展，因此也使得旅游具有鲜明的市场属性和经济特性，广受地方政府重视。

二、智慧体育与体育旅游的融合

现代科技的发展为智慧体育的发展提供了良好支撑，而智慧体育与体育旅游的融合，则能够为体育旅游事业的发展注入更大活力。从智慧体育与体育旅游的融合层面来看，二者的融合能够造就一种新的旅游形式，即智慧体育旅游发展模式，这种旅游模式对于提升旅游服务的精准性、优化旅游项目受众体验具有重要意义。相对于传统的旅游模式而言，将智慧体育与体育旅游融合之后形成的旅游模式能够呈现出鲜明的独特性与明显优势。

（一）智慧体育旅游的特点

第一，智慧体育旅游呈现出了智能化的特性。智慧体育旅游的智能化源自"智慧体育"的智能化，依托这一特点，智慧体育旅游能够在开展旅游服务的过程中展现出更高的技术含量，如智慧体育旅游服务主体可以依托各类先进技术对受众需求做出收集与分析，从而在绘制受众群像的基础上为体育旅游项目的开发以及体育旅游服务的优化提供依据，确保体育旅游产品与服务供给能够与受众需求、期待实现良好对接，进而促使体育旅游呈现出以人为本的特性。

第一，智慧体育旅游呈现出了专业化的特性。智慧体育旅游的专业化主要体现为服务主体的专业化，即相对于传统旅游形式而言，智慧体育旅游模式对服务主体的专业素养提出了更高的要求，如为了能够带给受众更好的旅游体验，服务主体不仅需要具备传统的旅游专业知识与实践能力，而且需要对"智慧体育"中所涉及的各类先进技术以及相应知识和能力进行了解与掌握，只有如此，服务主体才能够通过运用先进技术为服务水平的提升奠定良好基础，也才能够在做好答疑解析工作以及在处理信息的过程中确保受众感受到智慧体育所具有的独特魅力以及现代科技为自身生活带来的便利。

　　第三，智慧体育旅游呈现出了个性化的特性。不同的消费者对于体育旅游所具有的需求、期待等都存在着明显差异，体育与体育旅游的融合，能够依托大数据技术、旅游服务 App 等，在充分了解与科学分析消费者需求与期待的基础上，为消费者提供自主定制服务的平台，从而促使智慧体育旅游呈现出个性化特征。

（二）智慧体育与体育旅游融合的价值

1.提升体育旅游管理工作的科学性

　　在体育旅游发展过程中，政府、企业、基层服务人员的协同参与与良好沟通是确保不同环节得以有效衔接的关键，而各个管理环节的有效衔接则能够确保体育旅游管理工作得以有序开展，从而为体育旅游管理工作成效的提升奠定良好基础。在传统的体育旅游管理体系中，不同主体之间的交流与沟通具有较低的效率，而通过将智慧体育融入体育旅游当中，则能够促使不同主体之间的交流与沟通突破时间与空间的限制，进而避免出现因信息不对称而制约体育旅游管理成效得以有效提升的问题。在此基础上，决策部门能够收集到更多的信息为决策的制定提供依据，而基层服务人员也能够更为全面、深入地了解旅游管理决策并对相关决策进行贯彻，从而在提升决策科学性及其有效落实的基础上，为体育旅游管理工作科学性水平的提升提供保障。

2.提升体育旅游营销的精准性

　　体育旅游中的精准营销指的是营销主体在提升营销定位精准性的基础上，依托科学的营销方案、先进的营销艺术，构建个性化沟通服务体系的过程。受众所具有的需求与期待是开展营销定位、制定营销方案的重要依据，也正因为如此，精准营销有利于实现产品、服务与受众需求、期待的对接，这对于降低因盲目营销而产生的营销成本、提升营销工作成效具有重要意义。智慧体育在体育旅游中的融入，能够将大数据技术、新媒体营销技术等引入体育旅游营销工作当中。其中，大数据技术的引入能够对受众信息进行充分挖掘与科学分析，进而为营销定位精准性的提升奠定基础；而新媒体营销技术的引入能够在拓展体育旅游营销渠道的基础上更好地了解受众所具有的多元化需求、个性化需求，进而为差异化营销方案的制定提供依据。

3.提升体育旅游产品与服务品质

智慧体育与体育旅游的融合，不仅能够直接作用于旅游产品与服务品质的提升，而且能够为产品、服务供给主体和消费者提供多元化且通畅的沟通渠道，进而获取消费者对产品以及服务的反馈信息，这对于进一步优化体育旅游产品与服务发挥着重要作用。

（三）智慧体育与体育旅游融合的创新路径

1.构建多元主体协同参与的发展机制

智慧体育与体育旅游之间的融合，需要多元主体的参与，其中，政府部门在推进智慧体育与体育旅游融合的过程中需要发挥出主导与支持作用，在制定智慧城市发展规划的基础上，将智慧体育旅游发展纳入智慧城市打造与发展规划当中，并通过整合区域科研资源、开发区域创新平台，为智慧体育旅游的发展提供人才支撑与技术支撑，进而确保智慧体育旅游能够得以持续发展。

与此同时，优秀的智慧体育旅游服务网站也需要参与将智慧体育与体育旅游融合发展的过程，通过开发智能化系统，对智慧体育旅游服务中的票务管理、凭证管理、市场行情监控、消费者行为调研等进行整合，从而在提升体育旅游管理工作成效的基础上，为消费者带来具有一体化特点、智能化特点的服务体验。另外，旅行社、景区等是推动智慧体育与体育旅游融合过程中不可或缺的主体，这是因为旅行社与景区是体育旅游产品与服务供应链中的终端，消费者通过智慧体育旅游所获得的体验，在很大程度上由旅行社、景区所供给的产品与服务质量所决定。为此，旅行社与景区需要认识到自身在智慧体育旅游发展中的重要地位，并深度参与到智慧体育旅游发展过程当中。

2.明确智慧体育与体育旅游融合方向

在推动智慧体育与体育旅游融合的过程中，参与主体需要做好以下方面的工作：

第一，参与主体需要推动智慧体育旅游产品与服务的差异化发展。虽然智慧体育本身就是体育旅游发展中的亮点，但是如果仅仅重视发展智慧体育而忽略自身产品与服务特色的打造，则容易走入产品与服务同质化的误区，为此，参与主体需要充分发挥智慧体育所具有的优势，并依托自身产品与服务优势，走出差异化、品牌化智慧体育旅游发展路线。

第二，参与主体需要重视做好配套设施建设工作。配套设施建设是推动智慧体育与体育旅游实现深度融合的基础，也是充分发挥智慧体育旅游优势的关键，如在体育旅游景区，有必要提升接待中心、停车场等场所的智能化管理水平，并通过设置智能联网指示牌、旅游路线定制平台等，为消费者从智慧体育旅游产品与服务供给中获得更好体验。

第三，区域间不同旅行社、景区需要强化智慧体育旅游资源共享，从而实现智慧体育旅游资源共享共建，进而在智慧体育旅游资源开发成本的基础上，促使区域间智慧体育旅游形成合力并展现出更大的影响力与吸引力。

综上所述，智慧体育与体育旅游的融合，有利于提升体育旅游管理工作的科学性，提升体育旅游营销的精准性，提升体育旅游产品与服务品质，促使体育旅游呈现出智能化、专业化与个性化的特征。为此，各方主体不仅需要重视推进智慧体育与体育旅游的融合，而且需要构建多元主体协同参与的发展机制，明确智慧体育与体育旅游融合方向，并为智慧体育旅游发展提供技术支撑，从而为智慧体育与体育旅游融合成效的提升构建保障。

参 考 文 献

[1] 曹剑侠，张云.计算机远程网络通信技术的应用[J].网络安全技术与应用，2021（7）：17-18.

[2] 曹宇，刘玫瑾，刘正.我国智慧体育研究回溯与展望[J].体育文化导刊，2021（1）：34-39.

[3] 陈崇高.浅谈体育教学中引入翻转课堂的意义[J].中国教育学刊，2019（A2）：93-95.

[4] 陈菡，陈璐.智慧体育在厦门市社区应用现状调查研究[J].体育科学研究，2022，26（2）：44-50.

[5] 陈锦，邱楷，张媛媛."互联网＋"背景下智慧体育平台建设方案[J].南京体育学院学报（自然科学版），2017，16（3）：125-130.

[6] 陈湜爽，赵谷.体育健身场馆智慧化建设的探索与实践[J].浙江体育科学，2021，43（1）：34-37.

[7] 陈翔.基于"互联网＋"的无锡"智慧体育"产业发展调查研究[J].体育科技文献通报，2017，25（12）：19-23.

[8] 陈雪蓉.计算机网络技术及应用[M].北京：高等教育出版社，2020.

[9] 傅钢强，刘东锋.智慧体育场馆驱动模式与发展路径[J].体育文化导刊，2020（12）：92-97.

[10] 傅钢强，魏歆媚，刘东锋.人工智能赋能体育场馆智慧化转型的基本表征、应用价值及深化路径[J].体育学研究，2021（4）：20-28.

[11] 高金锋，魏长宝.人工智能与计算机基础[M].成都：电子科学技术大学出版社，2020.

[12] 高新民，罗岩超."图灵测试"与人工智能元问题探微[J].江汉论坛，2021（1）：56-64.

[13] 顾德英，罗云林，马淑华.计算机控制技术[M].北京：北京邮电大学出版社，2020.

[14] 郭长金，姚映龙，籍宇.计算机应用理论与创新研究[M].长春：吉林大学出版社，2018.

[15] 韩兵.辽宁省高校体育文化建设现状与对策研究[J].哈尔滨体育学院学报，2019，37（6）：71-75.

[16] 韩松.基于移动互联网构建我国智慧体育的思考[J].体育科学研究，2016，20（3）：36-42.

[17] 韩潇，张晓原，潘慧智，等.智慧体育[M].北京：清华大学出版社，2019.

[18] 何芳.计算机应用技术的智慧教学实践分析[J].电子技术，2021，50（7）：208-209.

[19] 何留杰，郑迎凤，张新豪.计算机程序与应用创新[M].郑州：郑州大学出版社，2018.

[20] 胡延，张帆.物联网技术在智慧体育场馆中的应用[J].科学技术创新，2021（15）：86-88.

[21] 胡悦，侯会生.基于翻转课堂的大学体育教学改革研究[J].体育文化导刊，2019（7）：76-80.

[22] 华子荀，欧阳琪，郑凯方，等.虚拟现实技术教学效用模型建构与实效验证[J].现代远程教育研究，2021，33（2）：43-52.

[23] 黄海燕，刘蔚宇，陈雯雯，等.高质量发展背景下对数字体育、智能体育、智慧体育创新发展的思考[J].体育科研，2022，43（1）：1-7＋20.

[24] 黄世芳.浅谈计算机技术在图书馆管理中的有效应用[J].计算机产品与流通，2018（1）：14.

[25] 金瑛浩.计算机虚拟现实技术研究与应用[M].延吉：延边大学出版社，2020.

[26] 李昂，郇昌店，杜江.我国体育特色小镇热的冷思考[J].山东体育学院学报，2018，34（4）：42-46.

[27] 李静.智慧体育视域下体育场馆经营管理智能化研究[J].中国管理信息

化，2019，22（19）：133-135.

[28] 李伟平. 户县体育小镇的智慧化选择[J]. 中国建设信息化，2017（18）：38-40.

[29] 李新，刘勇. "智慧体育"视角下体育旅游产业的发展研究[J]. 湖北体育科技，2016，35（9）：778-780.

[30] 李燕燕，陈蔚，吴湘玲. 智能时代高校智慧体育服务的逻辑蕴涵、体系建构与运行保障[J]. 武汉体育学院学报，2021，55（12）：35-42.

[31] 李友良，熊玉珺，陈宝. 智慧体育与体育旅游融合创新发展研究[J]. 产业与科技论坛，2021，20（15）：13-14.

[32] 利锐欢，谢玉祺. 基于大数据的安全生产人工智能应用分析[J]. 科技资讯，2022，20（14）：76-78.

[33] 梁华伟，闫领先，薛红卫，等. 体育赛事组织与管理[M]. 上海：上海交通大学出版社，2018.

[34] 林峰. 如何玩转体育小镇与赛事 IP[J]. 中国房地产，2018（20）：55-58.

[35] 刘程程，张嘉信，李昕怡. 长沙市体育公园智慧化服务研究[J]. 体育科技文献通报，2022，30（4）：101-102.

[36] 刘甲爽. 体育经济与赛事管理[M]. 北京：中国政法大学出版社，2015.

[37] 刘业霞. 我国高校开展击剑运动的现状分析[J]. 产业与科技论坛，2018，17（13）：106-107.

[38] 刘正，曹宇. 智慧体育的伦理审视[J]. 体育文化导刊，2018（3）：149-153.

[39] 鹿晓丹，蒋彪. 从物联网到人工智能[M]. 杭州：浙江大学出版社，2020.

[40] 彭官棋. 大数据时代智慧体育场所运动数据的权属配置[J]. 成都体育学院学报，2022，48（2）：38-42＋61.

[41] 沈锦铖. 电子政务在江苏省体育特色小镇建设中的参与[J]. 智库时代，2019（26）：10＋16.

[42] 宋雅馨，梁伟. 智慧体育时代个人信息保护的挑战及其治理——以公共智慧体育设施为例[J]. 体育科学，2021，41（10）：51-59.

[43] 孙锋申，丁元刚，曾际. 人工智能与计算机教学研究[M]. 长春：吉林人

民出版社，2020.

[44] 唐人元.富阳：建设中国首个智慧体育特色小镇[J].杭州（周刊），2015（7）：62.

[45] 陶卫宁.体育赛事策划与管理[M].重庆：重庆大学出版社，2015.

[46] 王国亮，詹建国.翻转课堂引入体育教学的价值及实施策略研究[J].北京体育大学学报，2016，39（2）：104-110.

[47] 王寅昊.慕课在高校体育教学中的应用研究[J].教育教学论坛，2020（6）：256-257.

[48] 文秀丽，曹庆雷.我国全民健身智慧化发展价值、现实样态及路径[J].体育文化导刊，2022（5）：48-54.

[49] 吴文博.安徽省智慧体育旅游发展策略研究[J].安徽农业大学学报（社会科学版），2021，30（4）：80-84.

[50] 肖寒."体育＋"的多维打开方式[J].走向世界，2019（19）：24-27.

[51] 许琳.智慧场馆视阈下成都市公共体育场馆管理创新研究[D].成都:成都体育学院，2021：1-2.

[52] 薛飞娟.浅析微课在高校体育教学中的应用和意义[J].当代体育科技，2014，4（35）：59-60.

[53] 杨翠兰.中国特色体育小镇发展研究：以浙江省为例[J].河西学院学报，2017，33（5）：86-89.

[54] 张福潭，宋斌，陈芬.计算机信息安全与网络技术应用[M].沈阳：辽海出版社，2020.

[55] 张贵莲.计算机与人工智能[M].兰州：甘肃科学技术出版社，2018.

[56] 张强，王家宏.新时代我国智慧体育场馆运营管理研究[J].武汉体育学院学报，2021，55（11）：62-69.

[57] 张鑫，王明辉.中国人工智能发展态势及其促进策略[J].改革，2019（09）：31-44.

[58] 赵广，黄宏远.体育场馆智能化[M].武汉：中国地质大学出版社，2018.

[59] 郑宇，高瞻乐，金毓，等.国际智慧体育的研究现状与趋势[J].成都体育

学院学报，2021，47（5）：65-72.

[60] 朱海涛，程亮亮.“互联网＋”背景下高校智慧体育教学的创新研究[J].
重庆科技学院学报（社会科学版），2021（3）：103-107.

[61] 朱梦雨，黄海燕.5G 技术在体育场馆智慧化建设中的应用研究[J].体育
科研，2020，41（5）：2-9.

[62] 卓越，曹燕明，杜申利.物联网在智慧城市中的应用初探[J].广播电视信
息，2021，28（9）：66-69.